宏洋《ひろし》問題を斬る

―「内情」を知り尽くした2人の証言―

幸福の科学総合本部 編

まえがき

宏洋《ひろし》氏の書籍《しょせき》『幸福の科学との訣別《けつべつ》』の発刊前日に、大川隆法総裁より『人はなぜ堕《お》ちてゆくのか。』というテーマで対談を頂いた。

「人はなぜ堕ちてゆくのか」――「自己愛」ゆえに、というのがその結論だった。

「自分を愛しているつもりで、その自己愛が自分を転落させていっている、ということに気づかない人が世の中には多い」

大川隆法総裁の長男・宏洋氏の半生は、まさにその言葉通りのものだった。

小さな子供は、誰《だれ》しも少しはわがままなものだ。しかし、それも可愛《かわい》さのうち、と許される期間は、それほど長くはない。

長ずるに従って、親に叱《しか》られ、学校の先生に指導され、友人から忠告され、失敗から学び、そのわがままは少しずつ削《けず》られていく。

しかし、中には、大人になってもわがままが直らない人たちがいる。

そういう人たちには共通点がある。「悪いのは全部まわりのせい」にする傾向《けいこう》性だ。

彼等には感謝がない。人の心がわからない。自己責任がない。だから反省がない。だから進歩がない。

いつまでたっても子供のまま。口だけが達者になって、人を責める悪口だけは弾丸《だんがん》のように出てくる。

しかし、そんな人たちに対しても手を差し伸《の》べる人たちがいる。愛にあふれる宗教家だ。

わがままな人にも優《やさ》しい言葉をかけ、思いや行いの間違《まちが》いには忠告し、困ったときには自分を犠牲《ぎせい》にしてでも助けてあげる。

その自己犠牲的な愛に触《ふ》れて自分を振《ふ》り返り、自分を修正しようという気持ちが少しでも起きたなら、その人は救われる道に入る。

しかし、まれに、その愛を当然と思い、さらに愛を求めるばかりで、自《みずか》らは何も反省せず、何も与《あた》えず、奪《うば》うばかりの人もいる。

そのまま死んでしまえばどうなるか。波長同通《はちょうどうつう》の法則により、死後の魂《たましい》は、自分と似たような人ばかりがいる世界に赴《おもむ》く。

感謝せず、反省せず、人を責めるばかりで、自らは何も与えない人たちばかりがいる世界――それを「地獄《じごく》」という。

そこまで行ってしまった人を、天使たちはどう救うのか。

「行くところまで行って、自分で気づくまで、放っておくしかない」というのがその答えである。


どんなに人を責めても、誰も相手にしてくれない。あるいはお互《たが》いに傷つけあうばかりの世界に何百年もいることになる。

いい加減いやになって、自分はこれでいいのだろうか……という思いがよぎったときがチャンスである。

そのかすかな反省の思いを縁《よすが》に、天使たちは反省の導きを与えに来る。

反省なくして悟《さと》り無し。人には優しくする。感謝する。嘘《うそ》はつかない。人に迷《めい》惑《わく》をかけず、社会の役に立つ。

そのような最低限の悟りなくして、天国の門はくぐれないのだ。

宏洋氏は、昔から、自分のためを思って一生懸命《いっしょうけんめい》関わってくれた人を不幸にすると言われ続けてきた。

ここに、宏洋氏のためを思って十年もの間、愛を与え続けてきて、裏切られ続けてきた一組の夫婦《ふうふ》のインタビューがある。

その言葉はリアリティに満ち、宏洋氏の嘘を木っ端《こっぱ》みじんに打ち砕《くだ》く力がある。

自分の間違いに気づくこと、そして反省の道に入ること。それこそが、宏洋氏を救う唯一《ゆいいつ》の道なのだ。

この耳に痛い言葉こそが、最大の愛の言葉であることを、宏洋氏に気づいてほしい。

今はただ、そう祈《いの》るばかりである。

二〇二〇年　三月

幸福《こうふく》の科学《かがく》　総合本部《そうごうほんぶ》　常務理事《じょうむりじ》　広報担当《こうほうたんとう》

喜島克明《きじまかつあき》

宏洋問題を斬る　目次

2

宏洋氏の女性観について

4 宏洋氏の千眼美子《せんげんよしこ》さんへの結婚強制という嘘《うそ》について

第二部　実の弟たちによる寄稿文《きこうぶん》

今の兄（宏洋氏）を見て思うこと。

大川宏洋氏への反論

幸福の科学政務本部東京強化部長　大川裕太《ゆうた》　159

第一部　「内情」を知り尽《つ》くした二人の証言

対談者

竹内久顕《たけうちひさあき》（幸福の科学メディア文化事業局担当理事
兼《けん》アリ・プロダクション〔株〕芸能統括《とうかつ》専務取締役《とりしまりやく》）

竹内由羽《たけうちゆう》（幸福の科学宗務《しゅうむ》本部特別参与《さんよ》）

［役職は収録時点のもの］

1　宏洋《ひろし》氏の結婚《けっこん》生活について

プライベート・仕事の両面で宏洋氏を支えてきた竹内夫妻

司会　それでは、宏洋《ひろし》氏と公私共に非常に長くお付き合いがあった竹内久顕さん・由羽さん夫妻にお話を伺《うかが》いたいと思います。

まずは竹内久顕さんから、「宏洋氏との関係性」について簡単に教えていただければと思います。

竹内久顕（以下「竹内」）　宏洋氏とは、ちょうど二〇〇八年から縁《えん》がありました。

当時、私は大川隆法総裁の秘書としてお仕事をさせていただいていたのですが、長男である宏洋氏がアニメ映画「仏陀再誕《ぶっださいたん》」（製作総指揮・大川隆法、二〇〇九年公開）の脚本《きゃくほん》を担当し、アニメ映画制作をすることになりましたので、宏洋氏を仕事面で支えていく役割を担《にな》うことになりました。

それから二〇一七年まで、彼とは仕事・プライベート両面で十年近く付き合いがありました。

妻の由羽のほうは、二〇〇八年の冬ごろから、主《おも》に彼のプライベートな悩《なや》みの相談が中心でしたが、仕事面も含《ふく》めて、二〇一九年一月ぐらいまで、私より二年ぐらい長く、十二年程度、彼をフォローして支えてきました。

そういう意味で、教団職員のなかでは、私と妻の由羽が、プライベート・仕事両面において宏洋氏といちばん深い関係があった人物ではありますね。ですから、今回、こういったかたちで宏洋氏の問題点を話すのは非常に心苦しいところがありますし、私も妻も宏洋氏の将来を期待して支えてきたので、僕らも宏洋氏に裏切られたというか、「この十年間、僕らが彼に捧《ささ》げてきたものは何だったのかな」と、正直、今、思っています。

竹内由羽（以下「由羽」）　私は、心苦しいというよりは、どちらかというと、「被害者《ひがいしゃ》の会をつくれるなら、つくって、宏洋氏を訴《うった》えたい」ぐらいの気持ちですね。

竹内　そうだね。公私どころか、もう平日も休日も関係なくて、朝早くでも深夜でも、二十四時間三百六十五日、いつどんなときでも、彼から要請《ようせい》があれば彼を支えてきてはいたので、「十年の時間を返してほしいな」というのが正直な思いですね。

司会　総裁先生も、「彼を支えた人はみんな不幸になる」とおっしゃっていましたけれども、まさにそうですよね。

竹内　そうですね。それでも、僕が仕事で彼を支えていた当時は、そこまで嘘《うそ》つきではなかったんですよ。どちらかというと、正直に物事を言う人間だったんで、僕も信頼《しんらい》していたんです。

それでも、最近のYouTube《ユーチューブ》の動画を観《み》ていると、「よくここまで嘘が言えるな」と思うんですよ。十年間、僕も妻の由羽も、宏洋氏の発言を見てきたわけです。総裁先生についても、千眼美子《せんげんよしこ》さんの件についても、彼自身の仕事についても、「よくここまで事実を曲げられるな」と……。しかも、本人は、それを「事実だ」と信じ切って発言しているんですよね。

でも、こちらは、「当時、彼が実際にどんな発言をしていたか」について、客観的な証言ができる証人を何人でも立てられます。私も当時のことを見てきた生き証人の一人として、「YouTube で、嘘をここまで〝真実〟として発信している彼は、本当は別の人なんじゃないか」というぐらい別人のように感じます。なぜ、こんな嘘を「真実だ」と言い続けられるのか、理解に苦しみますね。

「建設会社への再就職」「結婚《けっこん》と子供」に関する真相

司会　では、宏洋氏の家庭問題についてお伺いできればと思います。彼はバツイチで、子供も一人いると思いますが、YouTube では子供思いな発信もしていて、家庭への憧《あこが》れのようなものも感じます。

そこで、「家庭問題の面で彼が実際どうだったのか」について、いちばん詳しいお二人にお伺いできればと思います。この点については、由羽さんがかなりフォローされていたと思うのですが。

由羽　二〇一三年には、宏洋氏から突然《とつぜん》のことでしたが、「できちゃった婚《こん》をする」ということは聞いていましたし、その前から、奥《おく》さんと付き合っていることも聞いていました。たまに相談にも乗っていたので。

司会　当時、宏洋氏は学生でしたか？

由羽　社会人一年目でした。

竹内　相手の女性の方は学生で、そのとき、宏洋氏は教団の理事長の仕事をしていたのですが、仕事がキャパを超《こ》えてしまって、「もう辞《や》めたい。●還俗《げんぞく》したい」と言っていました。それで、結局、理事長を辞めて大手建設会社に行ったんです。

●還俗　出家者が教団の職員を辞め、もとの俗人に戻ること。

ちょうどそのころですね。

由羽　宏洋氏は相手のご両親にも挨拶《あいさつ》に行って、その日に婚姻届《こんいんとどけ》にサインしてもらって籍《せき》も入れてきていました。その後も彼から報告はありましたし、温かく見守っていて、私からも「こちらでできることはするよ」という話をしていました。私も子供を産んだ経験はあるので、奥さんの相談にも乗っていました。

子供が生まれたときは、彼もうれしそうでした。赤ちゃんが生まれて数日後には、総裁先生・総裁補佐《ほさ》や宏洋氏の祖母に当たる秘書長先生からのお祝いの品を病院まで届けに行ったこともあって、そのときは、奥さんもすごく喜んでいたのを記憶《きおく》しています。

当時、宏洋氏の奥さんは、「総裁先生は子供には会いに来ないし、祝福もしていない」というような話を宏洋氏から聞かされていたのですが、お祝いをもらって、「宏洋から聞いていた話とはだいぶ違《ちが》う」ということを感じてくれていました。

竹内　その話には前提があって、二〇一四年に宏洋氏が還俗し、結婚に向けて話を進めている期間でしたが、宏洋氏は、奥さんに、教団の批判、特に先生の批判を聞かせていました。「この教団はとんでもないところだ。先生はとんでもない人だ」という話をかなりしていたんです。

　また、二〇一四年の宏洋氏の還俗についても、理事長の仕事がキャパオーバーになったために、自分から「辞めたい」と言って辞めています。それから建設会社に再就職したのですが、就職先も教団が探してあげたのです。つまりはコネですよね。自分の力で再就職なんかしていないんですよ。彼は、教団の力で再就職することができたんだから、むしろ総裁先生や教団に感謝しなきゃいけません。

それでも、宏洋氏は、「僕《ぼく》がこの家に生まれて『大川』の名前が付いている以上、自分の力で就職なんかできるわけないじゃないか。こんな環境《かんきょう》に生まれたんだから、総裁先生や教団が僕の就職先を探すのは当たり前だ」と私の前で言っていたんです。私からは宏洋氏に「それはどうなのか」という話を何度かしていたのですが、「先生が悪い。教団が悪い。就職先を探せ」と言うんです。そんな宏洋氏を、総裁先生は親として愛で包んであげて、建設会社への就職を手伝い、子供が生まれたときはお祝いまで渡《わた》しているんです。

先生がたのお祝いを最終的には宏洋氏に渡すことができましたが、最初は「あなたたちからのお祝いなんか受け取りたくない。教団関係者とはかかわりを持ちたくない」と言っていたんですよね。

長続きしなかった結婚《けっこん》生活

司会　宏洋氏の結婚《けっこん》ですが、その奥様とは、何年続いたんでしょうか？

由羽　二〇一三年に入籍しましたが、翌年の二〇一四年の終わりぐらいには、すでに「離婚《りこん》したい」と言っていました。

司会　一年で……。

由羽　「早っ！」と思いましたよね。

建設会社に入る前から、宏洋氏は「下積みから経験したい」と言っていたのですが、いちばん最初に派遣された現場が、本人いわく「ものすごく厳しい現場」

で、それが耐《た》えられなくて。家に帰ったら、赤ちゃんがいて、夜泣きもするだろうし……。一般《いっぱん》的なことであっても、彼にとっては大変な生活がしばらく続いていたようです。

自分の〝ギャパ超《ご》え〟を妻のせいにする

由羽　そのころから、宏洋氏は、「奥さんが、家事ができていない。家も汚《きたな》いし、ゴミ屋敷《やしき》みたい。ご飯《はん》もちゃんとつくれないし、こんな環境じゃ、『子供が怪我《けが》するんじゃないか』とか、日中も心配で仕事が手につかない」と、訳の分からないことを言っていました。

結局、最初の現場で耐えられなくて、建設会社の人事部に「楽な現場に配置換《が》えをしてほしい」と相談して、配置換えをしてもらったと聞いています。

ただ、彼は「配置換えをしたということは、家庭と仕事の両立はできないということを人事に言ったのと同じことだから、この会社で重責を担うこともできないし、建設会社で出世するようなことも、もうない。自分をこういう状況《じょうきょう》に貶《おとし》めたということを、奥さんは分かってるのか」と言っていたのです。

司会　奥さんのせいにしているんですね。

由羽　そう。そのころ、私も何度も家に遊びに行きましたが、家は片付いていていてゴミ屋敷ということもなかったし、異臭《いしゅう》がするということもありませんでした。むしろ奥さんは、夫にお弁当をつくったりもしていて、夫を支えるよき妻だと思いました。これだけは、奥さんの名誉《めいよ》のためにはっきり言っておきたいと思います。

司会　ゼロ歳児《さいじ》がいるのに？

由羽　お弁当は毎日ではないかもしれませんが、奥さんは頑張《がんば》っている感じでした。

司会　大変な時期ですから、夫のほうはおろそかになりがちですよね。

由羽　そういう感じはまったくなかったので、「宏洋氏の〝いつものやつ〟なんだろうな」ぐらいに思っていたのですが。〝キャパ超《ご》え〟かな？

司会　では、結婚して一年ぐらいで奥様への気持ちも変わったということですね。

地方への転勤が耐《た》えられなくて辞《や》めた建設会社

竹内　ちなみに、仕事については、彼は最初、「自分は建設会社で出世して、まず課長になって、それから部長になって、役員にまでなる」と言っていました。大学のOBが役員だったので、「社長や副社長までは行けないけど、役員までなら行ける」と。

あと、「最初の三カ月か四カ月で宅建を取るんだ」とも言っていたのですが、三カ月か四カ月後に聞いたらまだ取っていなくて、結局、いまだに取っていないのですけどね。

由羽　いつも言うだけなんだよね。

竹内 「自分は建設会社で出世街道《かいどう》を行くんだ。この道で一流を極《きわ》めるんだ。幸福の科学は全然仕事になっていないけど、建設会社はすごく立派な会社なんだ」と言っていましたね。

当時、彼が還俗するときには、私は宏洋氏とは決裂《けつれつ》していたので、しばらく疎《そ》遠《えん》になっていたんですよ。

半年ぐらいたって宏洋氏に会ったら、建設会社の仕事への情熱が、以前ほどなくなっていたんですよ。「あれ?」と思っていたんですが、一年後には、なんと、「建設会社の仕事なんかやっている意味が分からない」と言い始めたんですよ。あれだけ「建設会社の仕事を、一生の仕事にしたい」と言っていたのに、「宏洋氏は建設業で建物を建てる仕事をしている意味が分かんない。自分がしなくてもいい仕事だ」と言い始めていました。

由羽　「現場で自動販売機《はんばいき》を移動させたり、お弁当の手配をしたりするのは、自分の仕事じゃない」と。あるときは、宏洋氏が名刺《めいし》をつくることになって、名刺に入れるファクス番号か電話番号かを間違えて印刷してしまったことがありました。「印刷する前に上司に確認を入れているのに、その上司は指摘《してき》をしなかった。だから上司が悪い」と言っていて、「何を言っているんだろうな」と。

竹内　「建設会社で本当に成功しようと思ったら、下積みを最低三年はしないと」と言ってたけど……。

由羽　でも、「下積み」といっても、本当に社会人一年目の極めて基本的な仕事ですし。

竹内　建設会社の制度では、入社して一年か二年たつと、地方に転勤するんです。そこで何年か修業《しゅぎょう》を積んで、戻《もど》る人は戻るし、戻らない人は戻らないのですが、宏洋氏は地方に行くのが耐《た》えられなかったんですよ。

「地方に行くなんて理解できますか？　僕は耐えられません。僕、渋谷《しぶや》じゃないと無理なんです。（当時住んでいた）立川《たちかわ》でも苦しいのに、これ以上遠くには行けない」と言うんです。

建設会社であれだけ「出世する」とか「ここで骨を埋《うず》める」とか言っていたのに、一年半前とは言うことが全然変わっていて、建設会社の仕事もどこまで真剣《しんけん》にやっていたのか分からないんですよね。

女性関係のところを否定すると関係を保てなくなる

司会　竹内さんと宏洋氏は、宏洋氏が理事長を辞《や》めるときに、一度、疎遠になり、その後、「できちゃった婚」の報告を受けたあたりから、関係がまた復活したのでしょうか。

竹内　はい。結婚、子供ができたあたりから徐々《じょじょ》に。

由羽　要は、関係が決裂したのも、理事長のときの仕事の内容というよりは、女性問題のところなんです。

竹内　宏洋氏は、理事長職を先生から与《あた》えられたことに対して、後々、「あんな人事はとんでもなかった。新人なんかに理事長なんてできるわけない」と言っていますが、先生は、理事長職を与えたあと、放置したわけではなく、毎日十八時から食事をしながら、宏洋氏から理事長の仕事内容を全部聞いて、それに対してどう判断をしたらいいか、要は、帝王学《ていおうがく》を先生が実地で毎日教えていらっしゃったんです。宏洋氏は、理事長として朝から夕方まで総合本部で仕事をして、大悟館《たいごかん》に帰って、その日あった判断事項《じこう》や案件について、先生に直接相談をしていました。

本来、これは総裁の仕事ではないんですよね。幸福の科学グループ総裁の仕事ではなく、幸福の科学の理事長の仕事なのですが、総裁先生は宏洋氏を帝王学で鍛《きた》えて、教団のなかで、将来幹部として、この教団のお役に、救世運動のお役に立てるように教育してくださっていました。

これは私見ですが、理事長職ができるから任せたというよりは、将来を期待して、要は、彼は人の下につけない人なので、上に入れて帝王学を教えることによって、総裁先生は宏洋氏の教団での生筋《いきすじ》を見いだそうとしてくださっていたんだと思います。

それなのに、二カ月たったときに彼が耐えられなくなってきて、「前の彼女とよりを戻した」という話を聞きました。ちょうどそのとき、いろいろな霊的《れいてき》な問題や、経営的な課題が乗っかっていたときだったので、「今、女性に逃《に》げるのは、宗教家としておかしいのではないか」という話をしたんです。

総裁先生は、『若き日のエル・カンターレ』●（宗教法人幸福の科学刊）にあるように、いろいろなものを捨てて、「ただ独《ひと》り行く」という気持ちで悟《さと》りの道を歩んでこられました。「宏洋君がここで女性に逃げても、理事長の重みをごまかすことはできないよ」という話をしたんです。

そしたら、宏洋氏は泣き始めて、「竹内さんにこんなこと言われたくなかった。決心がつきました。還俗します」と。「還俗？　何の話!?」という感じでした。

特に女性関係のところは、全面的に彼の言うことを呑《の》まないと関係を保てない。だから、子供ができて結婚したときに、ここは認めてあげようと思ったんです。

●エル・カンターレ　地球系霊団の至高神。地球神として地球の創世より人類を導いてきた存在であるとともに、宇宙の創世にもかかわるとされる。現代日本に大川隆法総裁として下生《げしょう》している。『太陽の法』『信仰の法』（共に幸福の科学出版刊）等参照。

半年後に認めたんですよ。そうしたら、また彼と話せる関係にはなったんです。

結婚《けっこん》半年で真逆になった妻への気持ち

司会　現在は離婚《りこん》されていますが、離婚に至るまでの宏洋氏の当時の奥様に対しての発言や気持ちの変化をお伺いできますでしょうか。

由羽　私や当時の職場の同僚《どうりょう》の方など、そうとう話していたと思いますが、要は、奥さんのことを「精神病者だ」と言っていましたね。さっきも話に出ましたが、「家事を何もしていない」「家もグチャグチャ」「ゴミ屋敷で、すごい臭《にお》いがする」と。

竹内　「帰ると、ドアを開けた瞬間《しゅんかん》に生《なま》ゴミの腐《くさ》った悪臭がする」って言うんですよ。結婚当初は、「こんな女性、どこにもいない。最高の女性に出会った」とほめていましたが、半年ほどで急に言うことが真逆に変わりました。

由羽　宏洋氏は「家に帰って、僕のやることは、まず、お皿を洗《あら》うこと、掃除《そうじ》をすること」と言っていましたが、「本当かな」という感じでした。

竹内　彼はそれを職場の上司にも友人にも言っていました。

由羽　もうとにかく周りに言っていましたね。

竹内　なので、当時の奥さんがかわいそうでした。職場では、「とんでもない奥さんと結婚したんだね。大変だね」と言われていたようです。

ですから、風評被害に遭《あ》ったのは、むしろ、奥さんのほうだと思います。僕ら夫婦《ふうふ》は奥さんとお会いして話をしていますが、本当にごく普通《ふつう》の方でした。

由羽　当時、奥さんはとても若かったですし、急に結婚して、子育てもしなくてはならない状況だったので、もちろん多少不慣れなところはあったかもしれません。

ただ、もし本当に精神病者だったら、普通の会話も成り立たないだろうし、普通の生活などできていないと思います。それに子供もすくすくと健康に育っているし、もちろん普通に会話もメールもできる方です。私としては、宏洋氏より、よっぽど記憶も変わることなく、会話が成り立つ方という印象を持っています。

司会　そのような発言の半年後あたりから、家庭が不和になっていったのでしょうか。

由羽　家庭不和というか、宏洋氏が一方的に嫌《いや》になっていった感じです。

竹内　当時の奥さんとしては、「そんなことを言われても……」という感じだったと思います。

由羽　奥さんのほうから私たち夫婦に対して、「突然、自宅に来てもらってもよいから、彼が言っていることが嘘だということを確かめてほしい。事実なのかを判定してほしい」という訴えがありました。

司会　むしろ、「誤解を解いてほしい、理解してほしい」という訴えがあったということでしょうか。

由羽　そうですね（苦笑）。

司会　そのころには、当時の奥様も、宏洋氏より竹内ご夫妻に信頼を寄せていたんですね。

総裁先生に初めて自分の子供を抱《だ》いてもらい、号泣《ごうきゅう》した宏洋氏

竹内　結婚から一年ほどたったころだったと思いますが、当時の奥様が寝《ね》ている間に、宏洋氏が車で赤ちゃんだけを連れて大悟館に連れてきてしまったことがあるんです。

朝、突然、宏洋氏から私に電話がかかってきて、「今から大悟館に連れていき

ます」と言われました。「何の話だろう」と思いましたが、一方的に、「もう連れてきたので、この赤ちゃんを総裁先生に見せれば大丈夫《だいじょうぶ》です。今から行きます」と言われたのです。

当時、私は秘書をしていたので、すぐに、宗務《しゅうむ》本部に「宏洋氏がこう言ってきているので、対処する必要があります」と電話をしました。

当時の奥さんは、朝、起きたら赤ちゃんがいなくなっていたので、パニックになっていました。宏洋氏が連れていったことが分かったあとも、すぐに戻ってくると思っていたのに、まったく帰ってこないので、もう警察に通報しようかというところまで追い詰《つ》められていたようです。

由羽　私のところにも電話がかかってきましたが、総合本部にも「そちらに行っていませんか」と、自《みずか》ら問い合わせを入れていました。急に目覚めたら、夫と共に赤ちゃんもいなくなっていたので、本当に驚《おどろ》いたと思います。

竹内　奥さんから妻のところに電話がかかってきたので、「大丈夫。確認したら、今、こちらへ来ている。赤ちゃんはちゃんと家に帰すから安心して」と伝えました。

このとき、宏洋氏はアポなしで大悟館に来たのですが、総裁先生は、大悟館に入れて赤ちゃんを抱《だ》っこしてくださったんです。

宏洋氏は「総裁先生のことを愛していない」と言っていますが、自分の子供を初めて総裁先生に抱っこしてもらったときに、その場で号泣《ごうきゅう》し、泣き崩《くず》れていました。ウワーッと泣いたあと、その場にいられなくなり、トイレに駆《か》け込《こ》んで泣いていました。

由羽　しばらくトイレから出てきませんでしたね。

竹内　秘書が、「総裁先生と大川家のみなさんと、みんなで写真を撮《と》るよ」とトイレに呼びに行っても、宏洋氏は「トイレから出られません」と言って、しばらく泣いて出てこなかったのです。総裁先生に自分の子供を抱いてもらって、うれしかったのでしょう。

彼が戻ってきたあとに、みんなで記念写真を撮って、総裁先生やみんなから、息子《むすこ》を「かわいいね」と言われ、愛してもらっていました。宏洋氏は、「息子がこのままずっと大悟館にいれば、自分は子供と一緒《いっしょ》に暮らせる。〝精神病の奥さん〟から離《はな》れて一緒にいられる」と思ったんだろうと思います。

由羽　「護《まも》ってもらえる」と思ったのでしょう。

竹内　でも、総裁先生はそんなことをするわけがなく、「きちんと夫婦で話し合ってきなさい」と言って、一度、家へ帰したわけです。そのときに、当時の奥さんは、「あれ？　宏洋からは、今まで、大川隆法総裁はとんでもない方だって聞いていたのに、常識的でまともな判断をしてくれる人なんだ。宏洋がおかしいんだ」と思ったようです。

当時、私と妻も会って話をしたので、「竹内さんも由羽さんもごく普通に話せる人だし、おかしいのは、むしろ宏洋だ」と気づいたのではないかと思います。それからは、「宏洋がこういうふうに言っていて、おかしいんです」など、私たち夫婦によく相談が来るようになりました。

当時の奥さんのほうから直接、「今まで宏洋がさんざん言っていた幸福の科学の批判は、すべて宏洋の思い込みなんですね。むしろ、幸福の科学は良識ある、きちんとした団体なんですね」という感想を聞きました。

宏洋氏は家事を少しやっただけでも自分がすべてやったと言う人

司会　宏洋氏は、「当時の奥様は家事ができず、自分が皿洗いや掃除をしていた」というような発言をしていますが、実際は違ったということでしょうか。

竹内　当時の奥さんも「宏洋は家事を少しやっただけで、すべてやったと言う人です」と言っていました。確かにそういうタイプの人ではあるんです。仕事が終わって遅《おそ》い時間に帰ってきてから、赤ちゃんを少し抱っこしたり、掃除したりしていただけだったのではないかと思います。

由羽　子育てをしている側から見たら分かるのですが、わが家に家族を連れてきて、会ったときの宏洋氏の様子を見るかぎり、日ごろからそれほど育児を手伝っているような動き方は、一切《いっさい》ない感じを受けました。不慣れな夫の動き方だったので、たまにしか手伝っていないんだろうなと思ったのです。彼は、子供をあやそうと思って高い高いをやったら、赤ちゃんの頭を家の天井《てんじょう》にぶつけてしまって、「いやあぁ！」とギャン泣きさせるといった感じでした。

竹内　そのときは宏洋氏も、「ごめんよ、ごめんよ」と、泣きながら赤ちゃんに謝《あやま》っていましたね（笑）。

由羽　泣きながらね。

竹内　二人とも子供みたいな感じで（笑）。

由羽　そうそう。

竹内　親は、お母さんしかいないという感じでした。

自分の妻に対する支離滅裂《しりめつれつ》な発言

由羽　あと、宏洋氏は「信仰《しんこう》を持っていなかった」と言っていると思うんですが、離婚する前、まだ普通に結婚生活を送っているとき、宏洋氏は奥さんに「僕は幸福の科学の跡取《あとと》りだから、跡取りの妻として、幸福の科学の教えをちゃんと勉強してほしい。しっかり勉強してもらわないと困るんだ」と言っていたということを、宏洋氏本人から聞いていました。

いちおうは三帰誓願《さんきせいがん》もさせようとしていたし、幸福の科学の本も読ませていたし、御法話《ごほうわ》のＤＶＤも観《み》せていました。

司会　それはいつごろですか？

由羽　もう結婚したあとです。

司会　ということは、一度、子供を総裁先生に抱っこしてもらって、気持ちが戻っていたんですかね。

由羽　普通はありえないんですが、自分から「離婚してくれ」と言っておいて、「離婚はやめてくれ」と言ってみたり、そうかと思うと、また「離婚してくれ」と言い出したり。

あるときは、奥さんが実家に帰っているのに、急に「すぐ帰ってきてくれ」と呼び出して、奥さんに「離婚してくれ」と言ったら、その数日後にまた撤回《てっかい》したこともありました。もう、「あなたが精神病なんじゃないか」というぐらいでした。

司会　今の話を聞いているだけでも、支離滅裂《しりめつれつ》ですね。

由羽　そうそう。そういうのを繰《く》り返していながら、幸福の科学の教えを勉強させようとしたり。意味が分かりません。

司会　確か、宏洋氏は幸福の科学を批判していたはずですよね。

妻には十円をケチらせて、自分は数百万円のベンツを買う

竹内　さらに、お金の問題もありました。
建設会社の新入社員は、詳《くわ》しくは分からないのですが、初任給が十八万とか十九万円だとしたら、手取りは十五万か十六万円ぐらいですよね。奥さんにはそこから食費代や生活費を渡してはいたみたいなのですが、あるとき、宏洋氏から「いつも妻が『お金が足りない、足りない』と言ってくる。お金の使い方が荒《あら》い」という相談があったんですよ。「そんなに金遣《かねづか》いが荒いのか」と訊《き》くと、「野菜も卵も、もっと安く買えるスーパーがあるのに、高いスーパーで買ってくる。トイレットペーパーだってそうだ」などと言うんです。
由羽　テレビで「主婦は広告を見比べていちばん安いスーパーに行って、一円で

も安いものを買うものだ」というようなことを観て、憧れていたのではないかと思います。

司会　テレビ等で観たものに影響《えいきょう》されるということですか。

由羽　私に「食費は幾《いく》らかけていますか？」と訊いてきて。「食費なんて、家庭によって違うでしょう」と言ったんですけれども。

竹内　しまいには奥さんに、「幾ら使っているのか報告するように」とまで言い出して。

由羽　「紙に書いて報告しろ」でしたっけ？

竹内 「会社じゃないんだよ、家庭って」と言ったんですが。そうしたら、なんとその間に、彼は自分の今まで持っていたお金で数百万円もする赤色のベンツを買ったんです。

奥さんには、十円、二十円をケチらせて。節約しないといけないと言いつつ、自分は数百万円のベンツ、さらに当時は年に何回かブランド品を買っていたんですよ。

由羽 一回買い物に行くと、洋服代も数万円から数十万円購入するという感じでした。

でも、奥さんは、「無駄《むだ》遣いをしている」と言われていた。

宏洋氏には建設会社に入る前までに持っていたお金があるから、自分としては全然大盤振《おおばんぶ》る舞《ま》いできる。でも、奥さんにそれを認識させたくないし、使われるのも嫌だから、通帳をいつもカバンに入れて、印鑑《いんかん》も持って職場に行っていたとあとになって聞きました。お金に汚い男なんです。

身勝手で出ていった宏洋氏を温かく迎《むか》えた大川総裁

竹内　宏洋氏は奥さんに、「実家に帰れ」とも言ったんです。

由羽　結局、離婚をして、奥さんが実家に帰ることになりました。

竹内　離婚のときの話ですが、まず奥さんのほうから「離婚したい」とは言っていなかったと思います。宏洋氏が、よくある夫婦の軋轢《あつれき》に耐え切れなくなって、「もう離婚したい。もう自分は精神病者と生活できない」と言っていました。僕らは、奥さんを精神病者と思っていませんけど。

由羽　「奥さんの生霊《いきりょう》が憑《つ》いている。そのせいで頭が痛くなる」などと言っていました。おそらく、奥さんにはそのように言っていたと思います。

竹内　離婚の際には、基本的に母方のほうに親権が行きます。つまり、宏洋氏のなかでは、「自分が離婚した場合には、息子と一緒に暮らせない」という結論が見えたんです。「そうなったら、離婚したいけれどもできない。息子とだけは別れたくない。ただ一方で、奥さんの生霊が来て一緒にいるだけで、家に帰るだけで頭が痛い。本人の顔を見て一緒に寝ているだけでもつらい。頭がガンガンして、一緒に生活ができない」と本人は言い始めて、自分で処理ができなくなり、仕事もままならない状況のなかで、結局、最後は総裁先生に頼《たの》みに行くわけです。

あのとき、宏洋氏が家に来たんです。私が宏洋氏の話を聞いていたら、宏洋氏が「総裁先生に話しに行きたい」と言い出して、そのことを咲也加《さやか》副理事長にお伝えし、咲也加副理事長が私たちの家まで宏洋氏を迎《むか》えに来てくれて、総裁先生とのパイプ役をわざわざ引き受けてくださいました。

咲也加副理事長が総裁先生のところに宏洋氏を連れていってくれて、私も同行したのですが、あのとき宏洋氏は土下座《どげざ》して、「すみませんでした」と謝ったんですよ。「奥さんとこういうことがあって、今、離婚したいと思っているけど、自分の力ではどうにもできなくて」と言ったら、総裁先生が宏洋氏を受け入れて、「何か困ったことがあったら、いつでも相談に来なさい」とおっしゃってくださったのです。本当にお優しい方だと思いました。

つまり、もともと総裁先生が追い出したわけではないのです。自分勝手に出ていった人を総裁先生が温かく、愛の心で迎え入れてあげたんですよね。

自分が苦しくなると、簡単に親権を放棄《ほうき》した

由羽　宏洋氏は離婚が成立するまでの間に、初めは「親権をなるべく取りたい」という意思があったんです。でも、父親が親権を勝ち取るのは一般的には厳しいわけです。しかし、子供への愛はあるから、子供とは別れたくない。奥さんとは別れたいんだけど、子供とは別れたくないから、とにかく渋って渋って、弁護士さんに何とかならないかとやってもらっていました。

ただ、途中《とちゅう》から自分の体調なり心境なりがどんどんきつくなってきて、最後は、「こんなに苦しいのであれば、もはや親権なんて要《い》らないから、早く手続きしてください」ということになっていったんです。「子供を愛している」などと言うわりに、自分が苦しいと、そんな簡単に放棄《ほうき》してしまうものなのかと、驚きではありました。

竹内　結局、自分のほうが大事なんですよ。最終的には、子供よりも。

由羽　最終的にはね。

竹内　最終的には子供よりも、自分の苦しみのほうが耐え切れないわけです。自分のほうが大事なんですよ。

由羽　いつも自分が楽になるほうが大事でしたね。

竹内　最後は、教えについて変な理解をしていて、「子供を切って、執着を断《た》って捨てました」みたいな感じでした。「執着を断つ」という教えはそういうことではないんです。

「自分が苦しいから捨てる」ということと「大きな使命のために捨てる」ということは意味が違うんです。彼は、そうした教えの解釈《かいしゃく》もかなり間違っていましたね。

由羽　「何を言っているの？　〝すごい話〟したよね。それでいいの？」みたいなね。

竹内　「いや、もうしかたがないです。これはもう、しかたがないことなんです」と言うんです。

由羽　「赤ちゃんのことはしかたがないんだ」と。

司会　なるほど。

由羽「親権を勝ち取れ」とは思わないですが、「急にすべてを投げ捨てるというような発言は何なの？」という感じですね。

司会「それで離婚が成立して」というかたちですね。

別れた妻の住む場所についての自分勝手な態度

竹内　そのあとまたね。これは、あなたが話したほうがいいですか。

由羽　住まいの話ですね。

宏洋氏は、「すべてを捨てる」などと言っておいて、「でも、寂《さみ》しいし、子供とも会いたい。奥さんに実家に帰られると、自分は新幹線に乗って何時間もかけなければ会いに行けない。そんなことは無理だ。都内に住んでほしい」と言い出したんです。

ただ、奥さんとしては、「働き口や保育園も見つけていて、あとはもう引っ越《こ》しをして、これから」というタイミングで、「そんなことを言われても」と言われたと聞いています。

そんな状況でしたが、宏洋氏は、「家賃を払《はら》うから東京に住んでほしい」と何度も説得していました。最終的には、東京に引っ越してくることになり、家賃は宏洋氏が払っていたんですが、数年後、突然、「（自分が教団から離れて還俗することになったため）もう家賃は払えないので、実家に帰るなりしてください」というようなことを奥さんに言い出していました。

妻の大川総裁への批判を許さなかった宏洋氏

竹内　話は変わりますが、今、あれだけ総裁先生のことを批判して、「総裁先生を愛していない」と言っているけれども、「奥さんから、総裁先生や大川家の教育方針への批判をされた」と宏洋氏が怒《おこ》っていたのです。「それが許せない。だから、もう離婚だ」といったことを、夜、家に来て話していました。あれだけ総裁先生のことを批判している人が、もう真逆で、そういう理由で離婚していたんですよね。

ですから、あのとき「総裁先生を批判したことを許さない」と言った宏洋氏と、今の宏洋氏の言葉の矛盾《むじゅん》はどう考えればいいのでしょうか。私と妻は少なくとも、それを聞いています。ただ、奥さんが本当にそれを言ったのかは、正直、分からないです。

由羽　でも、総裁先生への批判や大川家の批判の話は、宏洋氏が奥さんに言っていた発言だよね。

竹内　宏洋氏は、「奥さんから聞いたんだ」と言っていましたが。彼は記憶が改竄《かいざん》されていて、結婚当初、彼自身が奥さんに総裁先生の批判をさんざんしていたわけです。奥さんはそれをただ繰り返して発言したのかもしれませんが、記憶が変わっているわけです。

由羽　宏洋氏こそ精神病者ではないかと、再度確認させていただきたくなりますね。

司会　本当に支離滅裂ですね。

由羽　そういえば、現在、宏洋氏は、「別居中に不倫《ふりん》をしていたことは事実で、妻も認識していた」と発言していますが、私たちが聞いていたのは、「別居中ではなく、一緒に暮らしているときに不倫をした」ということでした。宏洋氏は、真実のなかに少しだけ嘘を混ぜて、うまくごまかしているのだと思います。

竹内　「肉体関係まで行った」と言っていましたね。

司会　それは別の人の話ですか？

由羽　別居中にもしていたのかもしれませんが、私たちが聞いていたのは、「あくまでも別居する前だった」という話です。そう記憶しています。

2　宏洋氏の女性観について
恋愛《れんあい》においては「中学生男子の悩《なや》み方」のようだった

司会　なるほど。それでは、次は「女性問題」のところに入りたいと思います。

竹内　二〇〇八年の夏から彼のことを支えてきましたが、最初はかわいげのある恋愛《れんあい》ではあったんです。

由羽　かわいげがあるといっても、「大学生の悩《なや》み方」というより、「中学生男子の悩み方」のようで、いちいち好きな子ができたら、「何て声をかけたらいいいんだろう。何てメールをしたらいいんだろう」といった感じでした。

竹内　彼女の誕生日《たんじょうび》プレゼントは、よく妻の由羽に同行してもらって何がよいかを選んでもらうという感じでしたね。

恋愛については、二〇〇八年から毎回、女性で公私混同が起きるんです。彼の判断が、そのときに付き合った女性によって真逆になるんです。「右」と言っていたことが、付き合った女性によって「左」になるんですよ。

由羽　本当に、私が毎回思っていたのは、「いい彼女と付き合いますように」ということです。とにかく、「きちんとした女性と付き合ってほしいな」ということは思っていましたね。

付き合っていたタレントに経営判断をさせていた

竹内　私は今、アリ・プロダクションにいるのですが、その前にニュースター・プロダクション（ＮＳＰ）という会社で、芸能統括《とうかつ》専務という役割を果たしていました。

　このときに、宏洋氏が社長でいたのですが、当時ＮＳＰのタレントと付き合い出したのです。私はそれに対して、倫理観《りんり》、信義則からして「おかしい」と言ったのです。社長というのは、タレントに責任を持つ立場、つまり、タレントを指導・教育して世の中に売り出し、その人の人生を預かる者でもあるので、「そうしたタレントに手を出すということは、社長としておかしい」と思ったのです。最終的には、二人のことを、しばらく様子を見ることになったのですが、宏洋氏は社長としての判断を、全部、彼女に訊《き》くのです。こちらもいろいろと報告を

●アリ・プロダクション……　アリ・プロダクション、ニュースター・プロダクション（ＮＳＰ）共に、幸福の科学の芸能プロダクション。

上げるではないですか。そうすると、彼女に相談したものを彼が社長判断として発信するのです。一タレントである彼女が、会社の経営権に手を出すというのは、完全に倒産企業《とうさんきぎょう》のパターンだし、やはり、タレントに会社の方向性や経営に関する判断をさせたらいけませんよね。

その後、二〇一七年五月に、アリ・プロダクションが発足《ほっそく》しました。それまでは、妻の由羽が宗務《しゅうむ》本部の人ではあったものの、宏洋氏からの要望があって、デザインや衣装《いしょう》、写真のチェックなど、ビジュアル面で手伝っていました。しかし、アリ・プロダクションができて、千眼美子《せんげんよしこ》さんのフォローをしていたので、宏洋氏のほうに「そこまでできない」という話をしたところ、彼女であるそのタレントを「会社の副社長にしたい」と言ってきたのです。

さらに、妻がやっていたビジュアル関係の仕事を、「全部、彼女にやらせたらいい」と言ったのです。それに対して、私は猛《もう》反発しました。やはり、仕事と恋

●宗務本部　幸福の科学の総裁周りの仕事をするセクション。

愛を一緒《いっしょ》にして判断したら、会社全体が混乱するからです。

「例えば、彼女が『このタレントを持ち上げたい』『このタレントをこうしたい』ということをやったら、会社として指揮命令系統はグチャグチャだよ」と、宏洋氏を叱責《しっせき》しました。すると宏洋氏は、「竹内さんは、そのタレントに嫉妬《しっと》している」「竹内さんが僕《ぼく》を『自分のものだけにしたい』と思っている」と言ってきたのです。

宏洋氏はYouTube《ユーチューブ》で「私が逆上して怒《おこ》った」と語っているのですが、確かに、このときは怒りました。それは、「宏洋氏が将来、教団や世の中のお役に立ってほしい」と思って支えてきたからでもあります。

私は、「『大川家のご長男であっても、言うべきことを諫言《かんげん》することが私の役目だ』と思い、あえて言っていることを、嫉妬という言葉で括《くく》り付けて言うのはどうなのかな」と思って、そのときは厳しく言ったのです。

それが原因で、宏洋氏とは、それ以降はあまり話をしなくなりました。というより、宏洋氏は一方的に、「あの人はもう駄目《だめ》です」と、私を無視するようになりました。LINE《ライン》をしても、既読《きどく》スルーでしたね。

舞台《ぶたい》でも劇団員から反旗を翻《ひるがえ》されたことがあった

竹内　「俺《おれ》と劉備《りゅうび》様と関羽《かんう》兄貴と」という舞台《ぶたい》では問題が起きました。実はそのとき、劇団員のメンバーからも、一回、反旗を翻《ひるがえ》されたのです。宏洋氏が公私混同していたので、その公演のメインキャストを含《ふく》め、劇団員たちから、「この公演をやる意味があるのか」と疑問視する声が出てきたんですね。

そのときは、千眼さんを私と妻でフォローしていて、仕事が朝から晩まで入っていました。そんなときに、宏洋氏から、「今すぐ劇団の稽古場《けいこば》まで来てください」と、電話がかかってきたのです。

しかし、そこは車で一時間ぐらいかかる場所ですし、「こちらも仕事で手が離《はな》せない状況《じょうきょう》だ」と伝えたのです。すると、「そういう問題じゃない、すぐ来てください。そうでなければ、劇団員が反発してどうしようもありません」と言うわけです。

そこで、当時メディア文化事業局の局長と役員のほうで現地に行ってもらうと、何のことはない、宏洋氏と女性タレントへの不信があっただけで、公演の理念やコンセプトを話すと、みな一様に落ち着いたのです。

これは一つの事例ではありますが、宏洋氏は大学時代も社会人になってからも、そのとき出てきた女性のことがいちばん大事で、その傾向《けいこう》性が変わりはしなかったですね。

彼女に言われたことで判断する宏洋氏

竹内　例えば、大学四年が終わって卒業するときもそうだったのです。彼が「出家、社会人になって幸福の科学の教団に入る」と決意したのが、そのとき付き合っていた彼女に説得されたからなのです。もちろん、総裁先生のお役に立とうとしたのは立派だし、そのときの彼女はよいアドバイスをしてくれたなとは思います。ただ、やはり、気になるところはあって、「彼女に言われたから総裁先生のためにやろうというのは、おかしいのではないかな」と思うんですね。

案《あん》の定《じょう》、映画「ファイナル・ジャッジメント」（製作総指揮・大川隆法、二〇一二年公開）という脚本《きゃくほん》の第一稿《こう》のときに、宏洋氏そっくりの主人公を出し、最後に愛する女性から「あなたはゴミじゃない」と言われて、救世主に目覚めるというシーンになっていました。しかし、当会の教義では、女性に励《はげ》まされて救世主になる教えなんてないのです（この脚本は却下《きゃっか》となりました）。

今年（二〇二〇年）公開予定の映画「夜明けを信じて。」では、すべての執着《しゅうちゃく》、家族や親族、仕事など、あらゆるものを捨てて、ただ一人この道を進む、一条悟《いちじょうさとる》という救世主の姿が描《えが》かれます。降魔成道《ごうまじょうどう》の際に、宗教家として一人立つヒーローの姿でもあります。

しかし、彼は彼女に励まされて、「自分はゴミじゃない。自分はちゃんとした仏性《ぶっしょう》を持った人間なのだ。だから、総裁先生のため、教団のため頑張《がんば》ろう」と思ったわけです。これは、一つの悟《さと》りではあるのですが、救世主の悟りではないわけです。

そのように、このときも、女性の存在によって自分の人生が変わっていくのです。

司会　そうですよね。ニュースター・プロダクションのときに竹内さんだけが、宏洋氏に厳しく諫言していましたよね。タレントと付き合い出したときと、「副社長にしたい」と言ったときも、確かにそうでした。

しかも、本当に部下からしたら、宏洋氏には人事権があるので、彼にものが言える人はいないじゃないですか。やはり、「宏洋氏は特別な存在だ」という認識ですからね。

ですから、怒ってくれる人がいるというのは、すごくありがたかったはずですよね。そういう意味では、部下は本当に感謝していたと思うのです。

竹内　結局、いつもそうなんですよ。恋愛関係でも、彼のいろいろな恋愛関係を見てきたので、そういう意味では、本当に、「彼にとって的確な、将来、支えになる方に出会ってくれたらいいな」と願ってはいました。恋愛をするのは自由ですが、「仕事と恋愛は分けてほしいな」と思いました。公私混同していることを本人が自覚していないんですよ。「彼女に言われたことが正しい」となって、仕事の指示として出すんですけれどもね。

由羽　だから、好きな人の意見は聞くんだけど、「好きじゃない」と思った人とか、認めていない人の意見は、一切《いっさい》受け付けないというところはありましたよね。好き嫌《きら》いで人事なども判断していたように思います。

司会　はい、そうですね。

彼女に毎月十五万円のバイト代

由羽　「タレントに手を出す」というのもどうだろうと思いますが、こんなこともありました。その女性タレントは当時学生でアルバイトをしていたんですが、そのバイト先に彼女の元彼が一緒に働いているため、「元彼と会ってほしくない」という理由で、「自分がお金を出すからバイトを辞《や》めてほしい」と言い出したのです。

結局、彼女にはずっと、毎月十五万円払っていたんですが、今思えば「彼女を副社長にして出家《しゅっけ》させたい」というのも、そのバイト代をうちの教団から出そうとしていたのではないかと思います。

司会　どうしようもないですね。一児のパパの話とは思えません。

気に入った女性は、誰《だれ》であろうとスカウト

竹内　宏洋氏はいつも「女」なんですよ。

二〇一六年に私が宗務本部からＮＳＰに異動になったとき、宏洋氏がハマっていた女性がいたのです。キャバクラで働いていた方で、タレントではなかったのですが、すごく気に入って、お店に何回も行って、何とかしてスカウトしてタレント所属させようとしていました。私たちもその方に会って話をしたのですが、本人はそれほどタレントになりたい感じではありませんでした。

当時、映画のメインキャストであるヒロインの友人役がまだ決まっていなかったのですが、宏洋氏はそこに彼女を入れようとしたのです。きれいな方でしたが、演技経験のない方でしたので、「さすがにないだろう」と思いましたし、彼には「宗教団体がつくった事務所に水商売をやっている方が入るのは、どうなのかな」と言いました。

宏洋氏は一度は「分かりました」と引き下がったものの、大激怒《だいげきど》で「竹内さんが〝藤原道長《ふじわらのみちなが》〟になっている。官僚《かんりょう》だ」と言い出しました。翌日には直接、総裁先生のところに行って、「竹内さんは官僚で、NSPの社長になろうとしている。僕を潰《つぶ》そうとしている」「もう竹内さんは、官僚になり果てました」と言われてしまいました。

そもそも、宏洋氏が演技をすることも、私は反対でした。レッスンで演技を見ていて、「大丈夫《だいじょうぶ》かな」と思いましたし、そもそも、宏洋氏は社長であり映画の総合プロデューサーでした。会社もいちおう経営しているわけだし、初めての映画でもあるので、まず、きちんと社長としての仕事を全《まっと》うすべきだと思っていたのです。

あと、監督《かんとく》も、宏洋氏が演技をすることには反対しており、私としては止めに入ったのですが、そうしたら「官僚」と言われました。そのようなことが、私がNSPに来た最初のころにありました。

宏洋氏が「女性を好きになるパターン」とは

竹内　その後、宏洋氏が新たに気に入った女性が出てきました。それが、現在NSPに所属している水月《みづき》ゆうこさんです。「竹内さん、あの子すごくいいと思いませんか?」と言われて……。

由羽　それは、確か、カラオケに一緒に行って……。

竹内　そう。忘年会《ぼうねんかい》か何かでカラオケに一緒に行ったらしく、水月さんの歌を聴《き》いて気に入ってしまって、「一度、水月に演技させてみよう」と言い出しました。そこで、私と当時の幸福の科学メディア文化事業局の局長と宏洋氏の二人で立ち会って、水月さんにヒロインの友人のセリフを読ませてみたんです。

そのときは、水月さんも演技の素人《しろうと》ではあったので、それほどうまいものではなかったのですが、宏洋氏はもう体を上下に動かして、人差し指をピンと伸《の》ばして上下に振《ふ》りながら、「これ、もう、やばい、やばい！」などと言って、笑いながら手で口を押《お》さえて興奮していて……。そのときは、「あー、これは完全にハマったな」と思いました。

そのときも、「ここで私が否定したら、また同じことになって、総裁先生を巻き込《こ》んで大騒動になる」と思ったので、「もういいや」と思って「そうだね」と泣く泣く許諾《きょだく》したのです。

「水月さんをタレント所属させて、ヒロインの友人の菜々子《ななこ》役にする」ということで話を進めました。すると、宏洋氏は「竹内さんもやっと分かりました？彼女はすごいんですよ」と言っていました。

当時、宏洋氏が水月さんから誕生日プレゼントをもらって、「いやー、プレゼントをもらったんですよ！」とすごくうれしそうにしていて、「恋愛に発展しないといいな」と思っていました。

当時は演技レッスンを水月さんや長谷川《はせがわ》さんとずっと一緒にしていたのですが、レッスンが終わったあとに話を聞くと、「今日、水月がこう言ってて、ああ言ってて」「水月がこんなことやって、もうすごいんですよ」というような話しか聞かなかったですね。これは、「宏洋氏のいつもの女性を好きになるパターンだな」と思っていました。

〝生霊《いきりょう》〟をもとにタレントをイジメた宏洋氏

竹内　結局、最終的には、水月さんをヒロインにし、長谷川奈央《なお》さんを菜々子役にして、映画「君のまなざし」（製作総指揮・大川隆法、二〇一七年公開）の体制が出来上がったのですが、クランクインが近づくにつれて、宏洋氏のいつものパターンで、簡単に言えば、「水月はとんでもない女だ」という話になったんです。つまり、初めは水月さんを絶賛していた宏洋氏が、今度、真逆のことを言い始めたんですよ。「同じフロアにいるだけで頭が痛い。水月の生霊《いきりょう》が来て、僕と結婚しようとしている」みたいなことを言い続けるんです。

クランクインの前に水月さんの〝生霊霊言《れいげん》〟を自《みずか》らいっぱいやっていました。でも、実際に総裁先生がその霊的原因を調べたら、水月さんの生霊は来ておらず、別の方の生霊が来ていることが判明しました。つまり、水月さんは、無実の罪で、ずっと宏洋氏から、いわれのないイジメを受けていたのです。

由羽　「水月だけではなく、いろいろな人の生霊が複数来ている」と言って、霊言をやっていましたね。

竹内　宏洋氏は、「水月の顔を見るだけで、もう僕は演技ができなくなる。頭がガンガンして同じフロアにいられない。レッスンも一緒にできない」と言い出しました。

当時、水月さんは幸福の科学メディア文化事業局の在家《ざいけ》スタッフをしていたので、宏洋氏と同じ三階で働いていたのですが、同じフロアに置いておけなくなって、水月さんには、「申し訳ないんだけど、勤務場所を赤坂《あかさか》のユートピア活動推進館のほうにしてもらってもいい？」という話をしました。

ただ、赤坂にはレッスンルームがあって、そこに宏洋氏が演技レッスンをしに行ったときに水月さんと会ってしまい、その後、赤坂にも置いておけなくなってしまったんです。このままだと水月さんがクビにされてしまう感じだったので、仙台正心館《せんだいしょうしんかん》のほうに研修に行かせ、宏洋氏と距離《きょり》を取らせました。

宏洋氏は、その後もずっと、「水月の生霊が来ている。水月の生霊が来ている」

と言っていて、水月さんはとてもつらかったと思います。

何とかクランクインすることができましたが、クランクインしたときにも、宏洋氏が「水月を見ると、きつい」と言うので、なるべく接点がないように、NSPのメンバーたちが現場でもいろいろと必死に手配していました。もちろん、プロデューサーやマネージャーたちは水月さんのことをヒロインとして必死に支えていました。

3　宏洋氏の仕事観について

映画「仏陀再誕《ぶっださいたん》」のシナリオを予定内に仕上げられなかった宏洋氏

司会　先ほど、理事長職の帝王学《ていおうがく》のところでも触《ふ》れていただきましたが、仕事論についてお訊《き》きしたいと思います。

竹内　仕事論で言うと、宏洋氏が学生時代に、映画「仏陀再誕《ぶっださいたん》」の脚本《きゃくほん》を担当することになったので、総裁先生と映画の関係者とで面談をしました。

彼は「二週間あればシナリオを書けます」と豪語《ごうご》していました。私は、「さすがに無理ではないか」とたしなめたのですが、彼は「絶対、大丈夫《だいじょうぶ》」と意見を変えず、自信満々でした。しかし、いざ二週間がたってみると、全体の半分も仕上がっていない状況《じょうきょう》で、本人から「誰《だれ》がこんなスケジュールにしたんですか」と逆ギレされる始末でした。

結局、スタッフが総出《そうで》で、残りの二週間、徹夜《てつや》をしながらシナリオを完成させていきました。

ちなみに、咲也加《さやか》副理事長は、映画「世界から希望が消えたなら。」（製作総指揮・大川隆法、二〇一九年公開）の脚本を、お一人で、わずか三日で書かれたそうです。

宏洋氏がかかわった映画は過去最高の動員数ではない

竹内　仕事に関係することでは、映画に関して話してみたいと思います。

宏洋氏が最初にかかわった映画は「仏陀再誕」でした。映画「仏陀再誕」は企《き》画《かく》と脚本を宏洋氏が書いています。

次は、映画「ファイナル・ジャッジメント」です。この作品では総裁先生に宏洋氏の脚本を却下《きゃっか》されたので、脚本は別の方が書いています。要は、宏洋氏が書いた脚本を下地に、別の方がリライトしているんです。だから、宏洋氏は企画だけで、あとはＰＲもした感じですね。

その次は、映画「君のまなざし」です。彼が総合プロデューサーと脚本をやって、かつ、メインキャストの一人として助演もやったので、彼にとっては、この「君のまなざし」が、すべて自分が責任を持って制作した作品と言えると思います。

彼は、「『君のまなざし』は最高の映画であり、すごく面白《おもしろ》くて、海外でも評価されている」と言っていますが、「客観的に本当にそうなのかどうか」というところに関しては、一点、検討の余地があると思うんですよ。

「映画がいいかどうか」の判断には主観と客観の両方がありますよね。Aさんは「この映画はいい」と思うけれども、Bさんは「あまり好きじゃない」と思い、Cさんは「両方とも同じぐらい」と思うなど、いろいろな意見があるので、一概《いちがい》には言えないと思うんです。

その点、いちばん客観的に見ることができるのは動員数だと思います。動員数は、興行成績、興行収入そのものにも直結していますからね。

彼がいちばん自信を持っている「君のまなざし」の動員数は四十七万八千人なんです。

一方、映画「世界から希望が消えたなら。」の動員数は六十三万六千人なんですよ。これは大川咲也加副理事長が初めて映画事業に参画された作品で、咲也加さんは「脚本」という肩書《かたがき》でしたが、脚本のみならず、映画で使われていた楽曲の編曲も担当されました。

私はこの作品では総合プロデューサーと主演をさせていただきましたけれども、咲也加副理事長からは、実際、映画のさまざまなコンセプトを頂いたり、役をつくる上でもさまざまなアドバイスを頂いたりしましたし、映画の製作全般において、たくさんのご指導を頂いているんです。

彼がいちばん自信を持っている映画の動員数は約四十七万人ですが、咲也加さんが初めてかかわった「世界から希望が消えたなら。」の動員数は六十三万六千人ですから、比べてみたときに、客観的な実力差は動員数に出ているんですね。「この客観的事実をどう分析《ぶんせき》するんですか」というところはありますよね。

由羽　あと、「幸福の科学が製作した映画のなかで過去最高実績は『仏陀再誕』だ」と宏洋氏は発信していますが、いつまでも古い情報のまま発信し続けるのはやめてほしいと思います。

竹内　彼は「『仏陀再誕』が過去最高の動員数だ」と言っているんですが、これにも嘘《うそ》があるんですよ。「仏陀再誕」は六十一万人動員なんです。もう一回言いますけど、「世界から希望が消えたなら。」は六十三万六千人動員なんですね。だから、「仏陀再誕」が最高動員数というのは嘘ですね。

各種の映画祭での実績を見れば、宏洋氏と咲也加《さやか》副理事長の差は明らか

竹内　さらに、映画の評価としては、映画祭というものがあると思うんです。宏洋氏が「いちばんよい」としている「君のまなざし」は、「第三回国際ニューヨーク映画祭」の長編映画部門で最優秀《さいゆうしゅう》長編作品賞を取っています。ただ、これはとても小さな映画祭なんです。当時、幸福の科学出版の広告担当の方に「この映画祭の受賞は新聞広告に出せるか」と訊いたら、「幸福の科学出

版は大きな出版社なので、こんな小さな映画祭一つのために広告を出すのは厳しい」と言われました。広告にもならないぐらい小さな映画祭だったんですよ。

でも、彼は、この映画祭で賞を取ったことで、「自分は世界に通じる」と言い、ニューヨークから自信満々で帰ってきたんですね。

ただ、彼には申し訳ないのですが、製作総指揮が大川隆法総裁先生で、大川咲《さ》也加《やか》副理事長の脚本でつくられた映画「世界から希望が消えたなら。」は、このクラスの映画祭だったら、三十六個も賞を取っているんですよ。八カ国で三十六個ですよ。

彼は映画「君のまなざし」を「自分がつくった」と言って高く評価していますが、映画祭の受賞は一個だけなんです。この明らかな差はどこにあるんだろうかといえば、やはり作品のクオリティの差であって、大川隆法総裁先生と咲也加副理事長のクリエイティビティー、作品性の高さが世界に通じた結果だと思います。

由羽　しかも、賞の内容にも注目してほしいですよね。

竹内　そうなんですよ。「世界から希望が消えたなら。」でノミネートされた「サンディエゴ国際映画祭」は、北米でトップ二十五に入る映画祭と言われていて、映画「マトリックス」のモーフィアス役のローレンス・フィッシュバーンをはじめ、ハリウッド俳優たちも来ますし、メディアも多数取材に来るなど、とても有名なものなのです。

また、映画「神秘の法」（製作総指揮・大川隆法、二〇一二年公開）は「ヒューストン国際映画祭」でスペシャル・ジュリー・アワードを受賞しましたが、これも歴史のある映画祭でした。

それから、今回、咲也加副理事長が脚本を担当された映画「心霊喫茶《きっさ》『エクストラ』の秘密―The Real Exorcist―《ザ リアル エクソシスト》」（製作総指揮・原作 大川隆法、二〇二〇年五月公開予定）でも、「モナコ国際映画祭」では、最優秀作品賞、最優秀主演女優賞、最優秀助演女優賞、最優秀ＶＦＸ賞の四冠《かん》を受賞しています。また、このクラスの映画祭では、「世界から希望が消えたなら。」は「マドリード国際映画祭」で最優秀監督賞を受賞しています。その他、世界のさまざまな映画祭でも、原作賞、脚本賞、美術監督《かんとく》賞、主演男優賞、予告編賞などを受賞しています。

宏洋氏がかかわっていないこの二作品だけで、これだけ賞を取っているんです。宏洋氏は「自分がいなくなったから、映画事業は衰退《すいたい》する」と発信していますが、むしろ逆で、彼がいなくなったほうが映画事業は発展しています。新たに主演級のタレントも育っていますし、当会の作品を上映してくれる劇場館数も増えているんです。

彼はよく「幸福の科学は信用されていない」「幸福の科学の名前を出すと仕事ができない」と言っていますが、「全国で二百数十の映画館で上映できる」というのは信用の賜物《たまもの》なので、やはり彼は物事が分かっていないのでしょう。

由羽　宏洋氏の映画「グレー・ゾーン」が何館で公開できるのか、楽しみですね。

竹内　ぜひ全国の二百館でやっていただければいいと思いますよ。

また、仕事論で言えば、「君のまなざし」が受賞した「ニューヨーク国際映画祭」でのことですが、彼は現地で、ある人から契約書《けいやくしょ》を渡《わた》されたんです。それは、『君のまなざし』を全世界で上映するときに、すべての権限をその人に譲渡《じょうと》する」という契約書だったんです。

彼は「自分は仕事を取ってきた」と凱旋《がいせん》気分で帰ってきたんですが、こちらは、その契約書を見て、「こんな詐欺《さぎ》まがいの契約を結べるわけがない」ということで却下しました。そんなことも分からず、「自分は評価された」と言って帰ってきているんです。映画祭の規模感もまったく分かっていないので、こういったところが彼の映画の今の実績として出ているのだと思います。

宏洋氏は「千眼《せんげん》さんの報道があって、『君のまなざし』の動員数が減った」と言っていますが、千眼さんの出家《しゅっけ》の報道以降、そのあとに公開された映画のほうが、動員数はどんどん上がっているんです。それは「宏洋氏の『君のまなざし』に作品としての力がなかった」ということの証明であると僕は思います。

「原作無視」「毎回同じパターン」「パクリ」が特徴《とくちょう》の宏洋氏の脚本《きゃくほん》

竹内　「さらば青春、されど青春。」の脚本《きゃくほん》も、最初は宏洋氏が書いていたんですけど、これも、主人公はスカートのなかを覗《のぞ》くし、ベッドシーンやシャワーシーンもあって、「明らかに、千眼美子さんとそういうシーンを自分がしたいんだな」と感じていました。こちらが宏洋氏に、「総裁先生は絶対にこんなことはしない」といくら指摘しても脚本を変えないのです。総裁先生は親子の愛があっても、仕事は厳しくチェックされるので、総裁先生に上申すると、シナリオはやはり却下されたわけです。

そのころ、宏洋氏の脚本の却下が連続していました。「さらば青春、されど青春。」「僕の彼女は魔法使《まほうつか》い」（製作総指揮・大川隆法、二〇一九年公開）「世界から希望が消えたなら。」の脚本は、彼も書いたのですが、全部却下されたんです。彼は「総裁先生は、よい作品でも却下する」と言っているのですが、決してそんなことはありません。それは、彼が映画のコンセプトを理解していないからです。総裁先生のつくられた原案や原作を無視して、自分流につくるのですが、それは製作総指揮者や映画に出資していただいている企業協賛の方々の倫理《りんり》に反しています。信者のみなさんは、「宗教的真理の入った映画をつくってほしい」と思っているので、宏洋氏の地獄《じごく》的な思想に染め上げた映画では、仕事論から言って、おかしいのです。でも、彼はそれが理解できなくて、「自分の脚本が嫌《きら》いだから、却下してきたんだ」と言うだけで、自分の脚本の力量不足を絶対に認めないんですよ。

由羽　ただ、そのシナリオは、私たちや映画関係者も読んでいたのですが、正直言って、毎回同じパターンでした。初めて見る分には新鮮《しんせん》かもしれないけど、「面白くはない」とみんな言っていました。

竹内　だいたい、ツンデレ女性が出てきて。

由羽　そうそう。女性のタイプは同じだし、結論もだいたい同じ。だから、「面白くないよね」と言っていましたけどね。

司会　そうですね。あまり勉強もしていなかった。

由羽　「こういうところを変えたらいいんじゃないの」と助言もするんだけど。

竹内　ちなみに、宏洋氏の劇団の「俺《おれ》と劉備《りゅうび》様と関羽《かんう》兄貴と」の脚本は、『三国志《さんごくし》』のマンガと、当時やっていた舞台「真田丸《さなだまる》」の演出をパクっていて。「真田丸」は一緒に観《み》に行ったんですよ。そうしたら、彼は「これだー！」と言っていて。完全にパクリでしたね。

由羽　仕事のやり方でも、そのときに観ているドラマや映画とかにすごく影響《えいきょう》されるところはありましたね。映画のＰＲのために編集の方が書いてくる原稿《げんこう》のチェックをするのですが、突然、原稿の赤入れにハマったことがありました。それは「校閲《こうえつ》ガール」というドラマに影響されていたんです。

竹内　石原《いしはら》さとみさんのドラマね。

由羽　あれを観て、あの時期はやたらと、赤入れをやってましたね。

司会　校閲なんてできるんですか。

由羽　「うち（幸福の科学）は、校閲どうなってるんですか？」みたいに訊いてきましたね。「校閲」と言いたいだけではないのか、みたいな時期がありましたね。

竹内　文章をやたらとチェックしてくるんですよ。編集の方がちゃんと書いてくれている文章もほとんど書き換《か》えて。最初は「こだわりが強いんだな」と思っていました。それで編集の方には何度も修正をお願いしていたんですが、そのドラマが終わったら、まったくこだわらなくなり、ほぼスルーで原稿にオーケーを出していました。

由羽　だから、彼の行動というのは、「今、何を観ているのか。最近、何のマンガを読んでいるのか」が分かりやすい感じでしたね。それが仕事にもそのまま反映されるという感じでした。

竹内　この前までこだわっていたものが、ブームが過ぎたとたんにこだわらなくなる。

由羽　「『トル』って書きたかった！」みたいな感じ。

竹内　赤ペンで原稿に線を引いて、よく「トル」と書いていましたね。「ドラマでやっていたやつだ」と思いました。

由羽　校閲ブームでしたね。

司会　なるほど。そのときのモードがあるんですね。

好き嫌《きら》いでタレントを見て、実力を客観的に判断できない

竹内　宏洋氏は、タレントを見るときも、客観的にタレントの演技力や歌唱力を見ることができません。自分が今、そのタレントを好きか嫌《きら》いかで判断していて、客観性がないんです。

ある女性タレントは、演技は頑張《がんば》っていたのですが、歌はそんなにうまいわけではありませんでした。私一人だけではなくて、当時のNSPの社員の人たちに訊いても同じ意見でした。一緒にそのタレントの歌を聴《き》いたときに、「歌は難しいな」と思ったのですが、宏洋氏は、そのときにそのタレントを気に入っていたので、「歌がうまい！」と大絶賛して、その子に映画の歌を歌わせようとしました。

私からは客観的に、「歌唱力は厳しいよ」と言ったのですが、「あの子は才能が

ある」と言って、歌のレッスンに通わせます。結局、途中でそのタレントを「とんでもない女だ」と否定に入ったので、歌唱をすることはなくなったのですが、タレントを見る目、歌手を見る目にいつも客観性がありません。

宏洋氏自身の歌の歌唱に関しても、歌はそんなにうまいとは思えませんでした。宏洋氏にはプロデューサーや脚本家として頑張ってもらって、演技は何とかレッスンして上達してくれればいいかなと思っていたのですが、私はどちらかというと、宏洋氏を護《まも》る立場でもありましたので、歌うことには反対でした。

しかし、「歌を歌う」ときかず、最終的には、映画の主題歌「君のまなざし」を自分で歌うことになりました。さらに、総裁先生の講演会の前座でその歌を披《ひ》露《ろう》することになったんですが、信者さんから大クレームを受けました。講演会の感想用紙に「歌が下手《へた》すぎる」という厳しい意見がたくさん書かれていたので、「これは諫言《かんげん》しないといけない」と思って、全アンケートを集めて宏洋氏に直接見せることにしました。

本人はすごくショックを受けて、それ以降、「歌を歌う」と言わなくなりました。第三者の意見、外部の人の意見は聞くのですが、その前に諫言しても、自身の歌唱力や演技力を客観的には見ることができないので、受け入れることができないんですよね。結局、このときも、最後は自分が痛い目に遭《あ》っているのですが……。

こういうことは一度や二度ではなく、何度も何度もありましたね。

主演映画の撮影《さつえい》を中断させ、約五千万円の損失を出した

司会　映画「さらば青春、されど青春。」でもご苦労が多かったと聞きました。

竹内　映画「さらば青春、されど青春。」という映画があったのですが、彼はこ

の映画で主演を務めました。主演というのは、作品を背負わないといけない立場です。座長的な立場で、他のキャストに気を配り、スタッフさんにも気を配り、自分が引っ張っていかなくてはならないんです。彼はその主演の仕事を履《は》き違《ちが》えていて、「主演というのは、現場に入って、ただ演技をすればよい」と思っているようでした。

由羽　「演技のクオリティを維持《いじ》しないといけない」「作品性を高めないといけない」「現場でよい空気をつくらないといけない」などという主演としての責任を果たそうとする意識はありませんでしたね。「そもそも、総裁先生と自分は百八十度違う性格。気持ちは入らないし、そもそもこの脚本は、クソみたいな脚本だから」というようなことを言っていましたね。基本は「とにかく現場に体を持って行って、演技をすればよいいんでしょ」というスタンスで現場入りしていましたね。演技にもなっていませんでしたけど。

竹内　現場のスタッフさんからもすごく評判が悪かったんです。

映画撮影《さつえい》は準備に時間がかかります。シーンごとに照明やカメラや美術のセッティングなどがあるので、その間、俳優たちは待っているのですが、普通、俳優は待っているときにも集中して役に入り続けているものなんです。私も主演をやったときには、役を切らさないようにしていましたが、本当に緊迫《きんぱく》した集中状態になります。

しかし、宏洋氏は撮影スタンバイをしてメイク直しなどをしているときも、待ち時間に頭を上下に動かして目をつぶってよく寝ていたんです。監督から「寝てますね。疲《つか》れているんですかね」と言われたり、スタッフの方からも「宏洋さん、昨日の夜はあちらがお忙《いそが》しかったんですかね」と言われたりして……。スタッフのやる気をどんどんなくしていくんです。現場では、私たちプロデューサーがスタッフのみなさんに「申し訳ございません」と謝《あやま》っていました。

また、あるスタッフさんは、「あれ（宏洋氏の演技）はコンクリートみたいだ。何を言っても、何を伝えても反応が返ってこない」と言っていました。私がそのあと、映画「世界から希望が消えたなら。」の主演として撮影に入ったとき、あとでスタッフの方がクランクアップしたあとに教えてくれたのですが、「またあのコンクリート演技が始まるのかと思ったけど、撮影が始まったら全然違っていて安心しました」という話までありました。

そんななかで、赤羽組《あかばねぐみ》はみんなプロの方々なので、「宏洋さんが主演になったんだから何とかこの人を支えよう」「これは大事な作品だから、何とか仕上げよう」と一生懸命《いっしょうけんめい》やってくださって、感謝しかありませんでした。

宏洋氏は「自分は業界の信頼《しんらい》を得ている」などという発言をよくしていました

が、赤羽組でこのような態度を取って、少なくともそこにいた数十人のスタッフに対しては、信用を下げているんですよね。大川宏洋というタレント本人の評判も下げているし、もちろん教団の評判も下げている。さらにあのときは、小劇場の舞台に出るために、映画撮影の合間に三週間休みを取らないといけなくなって、約五千万円の損失が出ました。

小さな舞台の、しかも脇役《わきやく》だったのですが、「先に舞台のスケジュールを入れていたから、映画のほうのスケジュールを変えるのが当たり前だ」と、彼は主張していました。

外部の方から、「映画撮影の間に三週間も休むのであれば、よほど大きな舞台、座長として出演する舞台なんですよね?」と言われて、こちらが、「いや、小劇場の脇役で……」と言ったら、「われわれ業界関係者としては、理解ができません」という感じでした。

彼は「自分は業界関係者に評判がいい」と言っているのですが、むしろこういう行為《こうい》を続けて、どんどん評判を落としていました。何かあると、教団やプロデューサーなど、別の人のせいにするのですが、実際には自分の評判を自分で下げていってるんですよね。そこが自分では見えていないんです。

宏洋氏の脚本《きゃくほん》は、外部の監督《かんとく》からも駄目出《だめだ》しされている

由羽　業界関係者の話で言うと、総裁先生から幾《いく》つか脚本《きゃくほん》を却下されて、宏洋企画室で仕事を始めたときに、「グレー・ゾーン」という映画の脚本を書いて、外部の制作会社を使って映画化しようとしたのですが、初めに依頼《いらい》をしていた監督《かんとく》からも、シナリオのオーケーが全然出なかったんですよね。「宏洋さんがわざわざやる作品としては意味が分からないよ」と言われて、何度も書き直しさせられて、結局オーケーが出ないと聞いていました。結局、その監督ではなく、違う制

作会社と組んでやることにはなったようですが。宏洋氏は、「総裁先生は脚本を見る目がない」というようなことを発言していましたが、幸福の科学の価値観として見ても駄目《だめ》なのですが、幸福の科学に関係のない外部の監督の人であっても、要は駄目という人もいたんです。

竹内　映画「グレー・ゾーン」は宏洋氏の初監督作品で、さらに監督兼《けん》、脚本兼、主演兼、プロデューサーと、すべて自分でやっているようです。普通、ある程度お金をかけた場合は、人を雇《やと》って映画をつくるものですが、自分一人でやっていることを自信満々に発信しているんですよね。こういったところも、不思議ですよね。

由羽　ちなみに宏洋氏が現在映画「グレー・ゾーン」を制作してもらっている

会社も、もとはと言えば幸福の科学とやり取りがあった会社で、彼が幸福の科学にいたときにＮＳＰ職員が紹介《しょうかい》して名刺交換《めいしこうかん》をしている会社です。宏洋氏はYouTube《ユーチューブ》で「大川の名前があるから。幸福の科学の教祖の息子《むすこ》だから仕事がもらえない」というようなことを言っていますが、名字があろうがなかろうが、別に受けてくれる会社はあります。自分の実力のなさを教団や総裁先生の責任にすり替《か》えるのはやめていただきたいと思います。

竹内　結局、これまで彼がやってきたものは、総裁先生をはじめ、教団の幹部や職員が一生懸命に支えて、かたちをつくったところに乗っかっていただけなんですよね。例えば、脚本を少し書いたり、演技をしてみたり、自分がやりたい仕事だけやっていましたが、映画一つつくるのにも、そうといろいろな実務があるのですが、彼はそれを知らないんです。

宏洋氏こそブラックで、私は休みなく働かされた

由羽　宏洋氏が幸福の科学に対して、YouTubeで「職員を過労死させている」という発信をしていましたけど、私から言わせてもらえば、むしろ私自身が宏洋氏に本当に〝ブラック〟に働かされました。彼が理事長のときに、職員は週休二日で五時に帰るべきだとよく言っていましたが、私は宏洋氏が寝ている時間も、宏洋氏から「何とかしてほしい」と言われたことを処理するために働かされていました。

私は二〇〇八年～二〇一三年の十月までは、ただの主婦でした。なので、当たり前ですが、給料のようなものも、もちろん一銭《せん》も頂いていません。

竹内　職員じゃないんです。ボランティアでした。

由羽　本当にただただボランティアで。宏洋氏がだいたい夜、家に来て、明け方五時～六時まで話を聞いて、そこから昼過ぎまで寝て、昼過ぎから夕方ぐらいに家から出ていくまで対応するということをやっていました。ご飯《はん》もつくって、風《か》邪《ぜ》をひいたらうちに来て寝込《こ》むから、うちで看病《かんびょう》して。

そのとき、上の子が幼稚園《ようちえん》に入ったばかりのころで、でも対応しないといけないから、必然的に子供の寝かしつけもできなくて。結局、ほぼ毎日、子供も三時～四時まで当たり前みたいに起きていたので、幼稚園にもあまり行けませんでした。マンション住まいだったため、ときどき近隣《きんりん》の方からも「夜は静かにしてほしい。話し声やドアの開け閉めの音で眠《ねむ》れない」と苦情を言われたこともありました。

そういう生活がずっと続いていくなか、二〇一三年の十一月に再出家をさせていただくことになったのですが、子供がそのときは二人に増えていたのもあって、常勤ではなくて非常勤という立場でした。非常勤というと週に数回、しかも短い時間働かせていただくというかたちなのですが、結局、宏洋氏がＮＳＰで「衣装とかデザインを見られる人がいないので来てください」という話になって、結局、そのあたりの仕事をプライベートのフォローと合わせてすべて請《う》け負うことになりました。

映画「君のまなざし」で衣装《いしょう》をすべて没《ぼっ》にして現場が混乱

由羽　例えば、映画「君のまなざし」のときには、衣装《いしょう》さんが準備している衣装を、衣装合わせの当日にすべて没《ぼっ》にして、「ＮＳＰで準備します」という話になって、本当にほぼ休みなくやっていました。

竹内　ちなみに、業界的に、衣装合わせでタレントが衣装を着るのは、本当に最後の最後なんです。そのときに衣装をすべて没にするというのは、もう、業界関係者からしたら、「何なんだ」という話で。赤羽組がクランクインできないかもしれないぐらい崩壊《ほうかい》気味だったのを、赤羽監督が「全部、俺の責任だ。俺が宏洋さんに確認してなかったから」ということで全スタッフに話したので、「監督がおっしゃるなら」ということで収まったんですよ。あれ、赤羽監督じゃなかったら、あの時点で「君のまなざし」は撮影に入れていなかったです。

司会　そうですよね。

由羽　宏洋氏にできない衣装やデザインなどが全部こちらに投げられるから、私は結局、日月の休みももちろんなかったし、朝から晩までずっと仕事をしているのに、宏洋氏はしっかり休んでいました。よほど、「あなたのやり方こそブラックだろう」と思い、本当に腹が立ちました。

宏洋氏に比べ、教団からはこんな働き方を強要されたことは一切《いっさい》なかったです。むしろ、宏洋氏にそのように無謀《むぼう》に働かされているのを総裁先生や総裁補佐《ほさ》が認識されたときには、私たちの子供のこととか、家庭は大丈夫なのかということをすごく心配してくださいました。逆に、もう少し楽に仕事ができるように、助言をしてくださったりしていたので、「ブラックなんだ」と言うのだったら、むしろ、よほど宏洋氏の働かせ方のほうがブラックだったと思っています。

連日、夜中に宏洋氏に呼び出されて朝方まで対応していた時期も

司会　被害者としてのお二人の立場の発言は大事かもしれないですね。どれだけ働かされたかを、竹内さんも……。

竹内　週五日も家に来ていたんですよ。当時、秘書だったので、日中は総合本部で仕事をして、夜帰ってきて食事をして家族の団欒《だんらん》をして、勉強して寝るじゃないですか。そういうときには、だいたい二十三時ぐらいに電話が来るんですよ。朝五、六時まで対応して。こちらは二、三時間ぐらいだけ寝て、また本部に行って。下手をすると、週五回ぐらい続くときがあるんですよ。こういうことをやっているときはよくありましたね。

特に、いちばん多いのは二〇〇九年と二〇一〇年で、本当に週五ぐらいでずっと来ていたので、けっこう体はきつかったですね。それで、結局、長女が幼稚園にほとんど行けなくなってしまって。週に半分ぐらい幼稚園に行けていなかったので、長女の学芸会とか歌の発表会とか行くと、歌が歌えないんですよ。親としてはちょっと申し訳ないなと思って。

由羽　ダンスも踊《おど》れないんですよね。幼稚園に行ってないから。

竹内　ダンスが覚えられない。ほかの子はみんなできているのに、長女だけがそれについていけず、「親として申し訳ないな」と思ったんですけど。

でも、宏洋氏が、これから教団のなかでお役に立っていって、世の中の人に対して役に立つなら、宏洋氏を支えるということは、ある意味、家族を犠牲《ぎせい》にしてもしょうがないと思って。

だから、私の仕事としては、日中仕事として宏洋氏の映画の手伝いをしていたので、それはそれで終わりなんですけど、夜の彼の人生相談というのは、はっきり言って仕事ではないんですよ。私のなかでは、宏洋氏の将来に期待して、彼への愛ゆえに、善意でやっていたことではあるので。そういった十年間ではありました。

「恩着せがましい」と言われるかもしれませんが、それは、私だけじゃなくて、いろんな職員の方も、宏洋氏に対してそう思っている人はたくさんいると思います。そこを、「職員はとんでもない人の集まり」とか批判しているというのは、ちょっと違うんじゃないかなとは思いますし、やはり、「どれだけあなたのために、愛の思いで支えてくれていた人がいたか」ということを忘れないでもらいたいです。

司会　正直、NSPのころであっても、夜中に呼び出しがすごかったので、超《ちょう》ブラックでしたよね。

由羽　普通に働いて家に帰って、呼び出し連絡《れんらく》が来るんです。彼がうちに来るのか、こちらが彼の家に行くのか、対応して。夜中、明け方に帰ってきて。それで朝になったら子供を起こして送り出して、こちらも家のことを済ませて仕事に戻《もど》る、そういう生活をしていました。

4　宏洋氏の千眼美子《せんげんよしこ》さんへの結婚《けっこん》強制という嘘《うそ》について

女優・千眼美子が出家《しゅっけ》に至った本当の経緯《けいい》

竹内　そもそもですが、千眼美子《せんげんよしこ》さん、当時の清水富美加《しみずふみか》さんと最初に接した教団職員が、私と妻の由羽なんですよ。

もともと、妻が千眼さんのご家族と面識があったということもあり、彼女をフォローしようと夫婦《ふうふ》で話し合いました。千眼さんとお話ししていくなかで、「前の所属事務所にて、精神的にも限界で、本当に命の危険性がある。このまま放置していると彼女は死んでしまうのではないか」と感じました。私たち夫婦は二人とも出家者《しゅっけしゃ》ですので、信者の方がこんなにも苦しみ、命の危険まである状態になっている状況《じょうきょう》を、宗教家として放っておけず、救済に入っていったんです。

そんななかで総裁先生に現状を報告させていただきました。そこで、「信者である清水富美加さんを全面的に護《まも》る」という方向性を総裁先生がご判断され、救済的措置として出家をお許しいただいたのです。よって、宏洋氏と結婚《けっこん》させるために出家させた事実などないのです。

それに、宏洋氏より、総合本部にて私たち夫婦に、「千眼さんへの結婚の思いがあり、彼女を支えてほしい」と頼《たの》まれているんです。妻が、「本当に宏洋君が結婚したいんだね？」と本人に確認すると、彼は「はい」と言っていました。

由羽　宏洋氏のフォローを私がしてきたのも、「仕事としてではなく、人として本当に助けてあげなきゃいけないな」と彼とのやり取りをするなかで思ったから宏洋氏のサポートをしてきてたんです。

それと同じように、美子ちゃんのところは昔からご家族も存じ上げていたので、彼女の話を聞いたり、様子を見たりするにつけ、「もう本当に限界なんだな」と思いました。仕事としてではなく、もう宗教という以前に「人として助けてあげなきゃいけない」と思ってこっちもかかわっていました。決して宏洋氏に頼まれたからではありません。

竹内　自殺未遂《みすい》までしていて、「死にたい」と言っている人を、宗教家として放っておけないですよ。「死にたい」と言っている人に、「あとは自由に頑張《がんば》ってね」なんて言えないですよ。

しかもですよ、「死にたい」って言っている人に、さらに宏洋氏と結婚させようとする人なんていないですよ。それこそ、人としてかなりおかしい人ですよね。

由羽　しかも、私たちはこれだけ宏洋氏に振《ふ》り回されて苦労しているのに、「宏洋氏と結婚したら、この子が救われると思うのか」という。

自《みず》ら〝霊言《れいげん》〟をして千眼《せんげん》さんとの結婚《けっこん》を口にする

竹内　それに関しては、私は妻とはちょっと違《ちが》う考えを持っていて、宏洋氏が言っていることも、一部、正しいと思ってはいます。

千眼美子さんに初めてお会いしたのは二〇一七年の夏だったのですが、お会いしたあとに、確かに、宏洋氏に「ああいった方が宏洋君の奥さんとして結婚《けっこん》したら、僕《ぼく》としてはいいと思うんだけどね」と言いました。それは、先ほども述べたように、今までの、女性によって翻弄《ほんろう》され続ける彼の姿を見てきて、「こういった方となら幸福になれるのでは」と感じたからです。

「東京喰種《トーキョーグール》」の撮影《さつえい》前に、祈願《きがん》のときに初めてお会いして、祈願導師《どうし》をした後《のち》、少しお話をさせていただきました。彼女の信仰心《しんこうしん》や性格やご人格、人柄《ひとがら》を見て、「こういった方と宏洋さんが結婚したらいいのにな」と宏洋氏に言ったことはあるんですよ。

その後、千眼さんが出家してきたとき、宏洋氏は自《みずか》ら〝霊言《れいげん》〟をすることで、己《おのれ》の口から千眼さんとの結婚を語ったのです。その後、宏洋氏は私たち夫婦を呼び、「僕らが結婚する方向でお願いします。竹内さんが半年前に言ってきたように、彼女と結婚するのが正解だと思います」と言ったんですね。

確かに、私は、そのときは「結婚してもいいな」と思いました。でも、その後、宏洋氏と千眼さんとで一緒《いっしょ》に食事会をしたとき、宏洋氏が総裁先生の悪口を言って、千眼さんが泣き崩《くず》れたんです。あの姿を見て、「この人と結婚しても、千眼さんは幸せにはならない」と思いました。

さらに、彼はNSPタレントにも恋心《こいごころ》を持ち始めたので、その時点で、私はもう、「結婚は難しいな」と思ったんですよ。だから、YouTube《ユーチューブ》で彼は、私がずっと「結婚させよう」としていろいろな画策をしていたと言うけど、そんな暇《ひま》じゃないんですよね。

由羽　しかも、こちらとしては、「あなたとなんて、くっつけられない」というのが本音でした。

千眼《せんげん》さんへの嫉妬《しっと》をし始めた宏洋氏

竹内　それ以降は、むしろ、宏洋氏と千眼《せんげん》さんが会わないようにしていました。だから、三国志《さんごくし》の舞台も、千眼さんが「行きたい」と言っていたんですけど、僕らが行かせなかったんですよ。行くと宏洋氏に会うし、「今、宏洋氏に会うとよくないな」と思ったので、むしろ結婚を画策などしていないんですよ。むしろ、二人の距離《きょり》を離《はな》していたぐらいだったので。また、宏洋氏も先生の悪口などを千眼さんに吹《ふ》き込《こ》むので、危険で近づけられなかったというのが事実です。

由羽　美子ちゃんが本当に苦しくて大変だったので、その対応にこちらがしっかり入ることになりました。霊的にも反応が出てきたところもあったから、対応をしていたら、要は、今まで宏洋氏に対してやっていたようなことを、美子ちゃんにやり始めて。実際問題、時間が美子ちゃんにほぼ取られるようになって、宏洋氏のほうに行けなくなったんですね。

それが、ちょうど舞台の時期と重なって、宏洋氏からヘルプの電話連絡《れんらく》が来るんだけど、今まではヘルプの電話が来たら必ず来ていた私たち夫婦が、何回かに一回しか行けなくなってきたと。そうしたら、やっぱり嫉妬《しっと》の気持ちが芽生《めば》えてきたのか……。

司会　「取られた」みたいな。

由羽　そうそう。そのあたりから、すごく拗《す》ね出して、タレントに対して徐々《じょじょ》に手を出し、走り出したという経緯《けいい》はありましたね。

出家《しゅっけ》後、真剣《しんけん》に修行《しゅぎょう》に取り組み、心が和《やわ》らいでいった千眼美子《せんげんよしこ》

竹内　そもそも千眼《せんげん》さんは、教団に出家《しゅっけ》したあと、宗教修行《しゅぎょう》に真剣《しんけん》に取り組んでいました。総裁先生の経典《きょうてん》を毎日読んでノートにまとめて、自分の心を見つめたりしていました。また、週末には精舎《しょうじゃ》に祈願に行ったり、また、鎌倉《かまくら》や日光《にっこう》などにも観光に行ったりし、精神的に限界だった心が徐々に和《やわ》らいでいったのです。

由羽　そのとき美子《よしこ》ちゃんは、幸福の科学の職員について、「ここまで愛を与《あた》え続ける人がいたというのは驚《おどろ》きです」と言っていましたね。

竹内　私から千眼さんには、「幸福の科学職員は出家者であり、宗教家であるので、私たちはいつも師である総裁先生を永遠の理想とし、永遠の愛となっていこうとしているので、愛を与えて生きるのは当たり前のことなんだよ」と話しました。千眼さんは、幸福の科学の素晴《すば》らしさを実感されていましたね。

そんななか、宏洋氏から総裁先生や教団の悪口を聞いたので、本当に心から傷ついていました。命の危険があった信者さんをさらに苦しめる言葉をぶつけ、彼女の信仰心を傷つけた宏洋氏は、出家者として宗教家として、いや、人間として問題があると思います。

今の宏洋氏に対して言いたいこと

司会　最後に、お二人から、今の宏洋氏に対して何かございますか。

竹内　私が宏洋氏に言いたいことをあえて絞《しぼ》るとするならば、それは「嘘《うそ》を言うな」「嘘つきはあなたです」ということです。総裁先生をはじめ、教団の職員の方、信者の皆様《みなさま》からたくさんの愛を頂いておきながら、恩を仇《あだ》で返すのは最低だと思います。

かつて、琵琶湖正心館《びわこしょうしんかん》の講話にて、涙《なみだ》ながらに「私は先生のようになりたい」と信者の皆様に誓った言葉が嘘であるなら、宏洋氏こそ詐欺師《さぎし》以外の何者でもありません。

良心がまだ残っているなら、人に与えていただいた恩を一つでも思い出してほしい。

そして、どんなときでも、最後まであなたを愛し続けていたのは総裁先生でした。

何か問題があっても、あなたを最後まで信じ、期待してくれたのは総裁先生でした。

その偉大《いだい》なる大恩《だいおん》を一つでもいいから思い出してほしいです。

今回、彼との十年間の話をさせていただきました。

私も涙を禁じえませんが、神々の主《しゅ》であるエル・カンターレを愚弄《ぐろう》することは、一信者として、一出家者として絶対に許しません。断固として、彼の間違いを正さねばならないと思います。

由羽　宏洋氏がYouTubeで総裁先生に対して、「隆法、筋《すじ》を通さないといけないよ。間違ったことをしたら謝《あやま》らないといけないんだよ」などと発言をしていましたが、この筋を通すこと、謝らないといけないという話は、私が宏洋氏にこの十数年ずっと言い続けてきたことです。言い続けてきたことで、記憶《きおく》にだけは残っていたのか、今では自分の考えであるかのようになっています。

ただ、この言葉は周囲の人に向ける言葉ではなく、ましてやここまで愛し、育て、護ってくださった総裁先生に対して向ける言葉でもなく、今まで生きてきた人生を振り返って、自分自身に対してこそ向けるべき言葉だと思います。どれだけの人の愛に対して、どれだけの仇で返してきたのか、きちんと自覚するべきです。

そして、いいかげん、大人の男になって自分の力で立って生きていくべきです。これ以上、恥《は》ずかしく醜《みにく》い生き方は見たくないものです。どうか、自分の過《あやま》ちに気づくきっかけとなることを祈《いの》ります。

第二部　実の弟たちによる寄稿文《きこうぶん》

今の兄（宏洋《ひろし》氏）を見て思うこと。

幸福の科学指導研修局担当部長　大川真輝《おおかわまさき》

今回、「今の兄（宏洋《ひろし》氏）を見て思うこと。」というテーマで寄稿《きこう》の機会を賜《たまわ》りました。『娘《むすめ》から見た大川隆法』での寄稿では、生《お》い立ちについての宏洋氏の嘘《うそ》に関連して述べたので、今回は別の観点から書かせて頂ければと思います。

現在の彼の動向はほとんど追っていなかったのですが、まず改めて、実の兄があのような醜態《しゅうたい》を見せてしまっていること、兄弟として、とても恥《は》ずかしく思っています。申し訳ありません。

〝大川家にほとんどいなかった人間〟

今の率直《そっちょく》な感想としては、「あのグレた兄貴もついにここまで来てしまったか」というものです。

「意外に、世の中の方へ正しく伝わっていないのではないか？」と感じるのは、宏洋氏という人間は、もともと兄弟の中でも、ほとんど家にはおらず、年に数回ほど派手な髪《かみ》の色で登場するようなグレた兄、トラブルメーカーだったということです。それを、年齢《ねんれい》が大人になるにつれて、「何とか正しい道へ、総裁先生が導かれようとされていた」というのが実態です。

その点、〝大川家にほとんどいなかった人間〟の語る内容を読んで、「これが大川家だ」と思われるのは、大きな間違《まちが》いを生みます。そして、彼の発信する内容を見て感じるのは、あまりにも〝虚偽《きょぎ》やでっち上げが多すぎる〟ということです。

事実としては、姉・大川咲也加《さやか》副理事長著の『娘から見た大川隆法』を読んで頂ければ間違いがないと思います。

また、本書を読まれると、「なぜ、こんな人間を会内に置いておいたんだ」と思われる方も多いと思います。

しかし、主エル・カンターレの法は、「反省」と「教えに基《もと》づく自己変革」によって、生まれ変わっていくことが許されているという、「慈悲《じひ》」の教えでもあります。

若い頃《ころ》にはヤンチャだったが、幸福の科学に出逢《であ》って改心し、今では立派な宗教家になっておられる方々もたくさんいらっしゃいます。世の中にも「ヤンキー先生」のような方はいますが、宏洋氏も、本人の考え方と修行次第《しゅぎょうしだい》によっては、真っ当な仏弟子《ぶつでし》の道を歩むこともできたはずです。総裁先生は、彼の仏性《ぶっしょう》に期待

『娘から見た大川隆法』（大川咲也加著、幸福の科学出版刊）

郵便はがき

料金受取人払郵便

赤坂局承認

7468

差出有効期間
2021年10月
31日まで
(切手不要)

1 0 7 - 8 7 9 0

112

東京都港区赤坂2丁目10－8
幸福の科学出版(株)
愛読者アンケート係 行

ご購読ありがとうございました。お手数ですが、今回ご購読いただいた書籍名をご記入ください。

書籍名

フリガナ お名前	男・女	歳
ご住所 〒 都道府県		
お電話( ) －		
e-mail アドレス		
ご職業 ①会社員 ②会社役員 ③経営者 ④公務員 ⑤教員・研究者 ⑥自営業 ⑦主婦 ⑧学生 ⑨パート・アルバイト ⑩他( )		
今後、弊社の新刊案内などをお送りしてもよろしいですか? (はい・いいえ)		

愛読者プレゼント☆アンケート

ご購読ありがとうございました。
今後の参考とさせていただきますので、下記の質問にお答えください。
抽選で幸福の科学出版の書籍・雑誌をプレゼント致します。
（発表は発送をもってかえさせていただきます）

1 本書をどのようにお知りになりましたか？

① 新聞広告を見て [新聞名：]
② ネット広告を見て [ウェブサイト名：]
③ 書店で見て　④ ネット書店で見て　⑤ 幸福の科学出版のウェブサイト
⑥ 人に勧められて　⑦ 幸福の科学の小冊子　⑧ 月刊「ザ・リバティ」
⑨ 月刊「アー・ユー・ハッピー？」　⑩ ラジオ番組「天使のモーニングコール」
⑪ その他（ ）

2 本書をお読みになったご感想をお書きください。

3 今後読みたいテーマなどがありましたら、お書きください。

ご感想を匿名にて広告等に掲載させていただくことがございます。ご記入いただきました個人情報については、同意なく他の目的で使用することはございません。

ご協力ありがとうございました！

され、誰《だれ》よりも忍耐《にんたい》強くチャンスを与《あた》えられ続けていたというのが実際のお気持ちだったと思います。

共感力の圧倒《あっとう》的不足

実母との葛藤《かっとう》や同世代の友人関係等によって苦しみ、下のきょうだいである姉・咲也加副理事長も優秀《ゆうしゅう》。「恨《うら》み心」や「羞恥心《しゅうちしん》」「劣等《れっとう》感」で性格が屈折《くっせつ》してしまっていたのは、宏洋氏を見ていて「然《さ》もありなん」と理解ができる点です。

不思議なのは、つらい経験や苦しさを味わったならば、普通《ふつう》は「心のひだ」が豊かになり、多くの人の気持ちが分かるようになるものですが、彼には〝全くそれが見られない〟という点です。

宏洋氏にも幼い頃、事実ではないことに基づく、周りの宗教への偏見《へんけん》によって、苦しんだことがあったはずです。小学生や中高生のコミュニティーは、大人の世界よりも、ある意味で残酷《ざんこく》な部分があります。そして、動画サイト等の影響力《えいきょうりょく》は今やとても大きなものです。

彼の〝多くの虚偽〟によって、年若い弟子《おとうと》たちが、いわれのない〝いじめ〟にも遭《あ》ってしまう可能性がある。それに対して、スプーンひとさじほどの「共感力」も働かないのか。

また、各地域で真理の活動をされている多くの家庭が、傷ついています。もちろん私たち下のきょうだいにも、家庭を持っている者もおり、その家族や親類の方々もいます。

彼も、信仰《しんこう》家庭を持つ先輩《せんぱい》信者に、お世話になったこともあるはずです。そういった方々が苦しんでいる顔を思い浮《う》かべて、少しでも「共感力」が働かないのか。

宏洋氏はおそらく、「なぜ幸福の科学が、教団としてここまで反論をしてくるのか」が理解できていない可能性があると思います。それは、〝虚偽による撹乱《かくらん》から、多くの人たちの信仰心を護《まも》る義務〟があるからです。

宗教的な言葉を使っても聞く耳を持たない人なので、せめて「実際に傷ついている人たちがいる」ということは知って欲《ほ》しいと強く感じます。

宏洋氏が学生時代にしていた講話の内容の中で、「宗教への偏見を打ち破る」という部分については、実体験から来る強い思いを感じ、私は共感する部分がありました。

しかし今では、「宗教への偏見を〝逆利用〟」して個人の自己実現に走っていること、「宗教への偏見を増長させている」ことに、強い憤《いきどお》りを感じています。

その点、「教団が必要以上に一個人を攻撃《こうげき》している」という風潮は全くの間違いであり、自《みず》らの持っている影響力を知った上で確信犯的にそれを利用している点、悪魔《あくま》的であり、許されるべきことではありません。

霊的《れいてき》に何者かに乗っ取られている

ただし宏洋氏も、「もともとは、あそこまでおかしな人間ではなかった」というのも事実で、現在は霊的に〝何者かに乗っ取られている〟のは間違いないと思います。

本人の悟《さと》りによるものでなく霊道《れいどう》が開けてしまった状態とは、ある意味で、「窓ガラスが割れていて、家に誰でも入って来られる状態」だと教えて頂いています。つまり、何の霊が自分に入っているかも分からず、自分が日々考えたり思ったりしていることが、〝自分の意思〟なのか、〝入っている霊の考え〟なのかも分からない状態です。

宏洋氏の、「急に人格が変わる」「自分が過去に言ったことや約束を全く覚えていない」「記憶《きおく》が勝手に入れ替《か》わる」「喜怒哀楽《きどあいらく》が常人の何倍も過激になる」「頭をかきむしり、奇声《きせい》を発し始める」という現象は、私だけではなく、二〜三年ほど前に彼に関わった何人もが実際に体験しているようです。

一般的《いっぱん》には〝霊能者〟というと、全てのケースが同じように認識されて、信仰者は悔《くや》しい思いをすることも多いと思うのですが、例えば、「自分の持つ霊能力をコントロールする力」でもある〝漏尽通《ろじんつう》〟においては、霊能者の間でも「相当大きな差がある」と教えて頂いています。彼は、それをコントロールする力が全く磨《みが》けていなかったのだと思います。

宏洋氏の持っている強い自尊心としては、「自分も父と同じ霊能者であり、特別な力がある」というものがあったと思いますが、「だからこそ、修行をしなければ自分の身を護れない」ということを理解できなかったのは、残念なことでした。

また、宏洋氏が大学生の頃に、「自分に霊示《れいじ》が降りて、大学等での友人たちの過去世《かこぜ》が三国志《さんごくし》や西洋史等に名前が残っている偉人《いじん》だった」というようなことを言い出し、総裁先生に否定されたようなことがあったことを最近思い出しました。

本書にも描《えが》かれていると思いますが、これは、自分にかかってきている〝霊の判定〟をする「審神者《さにわ》の能力がない」ということにも当たると思います。

いずれにしても、大川隆法総裁先生を間近に見ていると、霊能力を完璧《かんぺき》に統御《とうぎょ》されているので、その〝怖《こわ》さ〟と〝難しさ〟を感じることは少ないのですが、宏洋氏を見ると、「宗教修行の大切さ」が身に染《し》みて分かります。

親子喧嘩《げんか》などでは全くない

そもそも今回の根本的な問題としては、〝仕事（人生）の目的〟において「信仰者として幸福の科学のミッションを手伝いたい」のか、「自分のやりたいことを自由にやりたい」のかで道が分かれたということであり、「親子喧嘩《げんか》などでは全くない」ものだと、弟の私から見ても思います。

端的《たんてき》に言えば、宏洋氏は、映画作りに携《たずさ》わることに「自己表現の楽しさ」を感じてはいたが、「幸福の科学における映画事業の意味」は、最後まで理解できていなかったように見えました。

咲也加副理事長が、映画のシナリオを書かれたり楽曲を歌われる際は、「無我《むが》になって天上界《てんじょうかい》の光をそのまま降ろす」「主の創られたい作品を実現する」ということをいつも語っておられますが、その真逆を行っていたのが宏洋氏の書く脚《きゃく》本《ほん》でした。

実際に読まれていない方には中々伝わりにくいので悔しいのですが、例えば総裁先生の書かれた「心温まる感動ストーリー」の原作が、宏洋氏に脚本執筆《しっぴつ》を依《い》頼《らい》すると「貞子《さだこ》のバトル映画」になって返ってくるようなことが、本当に何度も続いたため、〝仕事から外さざるを得なかった〟ということだと理解しています。

私も後から読んで驚《おどろ》いたのですが、あまりに大きなレベルの〝曲がり方〟でした。「自分のやりたいことを自由にやりたいのならば、独立してやるしかない」のは当然のことです。一般企業《きぎょう》等でも、組織の理念と違うことがやりたければ、異なる道を選ぶしか方法はないはずです。それは、理解することができました。

しかし、「独立して自分の思うように仕事が進まないのを、教団のせいにする」「お世話になった教団の悪口を言って目立ち、資金を稼《かせ》ごうとする」という思考回路は、全く理解ができません。

それはもはや宗教的な問題ではなく、一般的な、人間としての品格や礼儀作法《れいぎさほう》の問題ではないでしょうか。

宏洋氏著の書籍《しょせき》に関して

そしてこの度、宏洋氏著の『幸福の科学との訣別《けつべつ》』という書籍《しょせき》が出ました。一部、私に関する話も登場します。

まず、率直な感想としては、「編集部の作文が相当入っている」ということです。宏洋氏では話せないような細《こま》かな内容も一部含《ふく》まれているので、相当加筆したのだと感じます。ただし、教義の説明等を「幸福の科学ホームページ」から取っている点、少しお粗末《そまつ》です。

そして最大の問題は、編集部でファクトチェックできない宏洋氏の個人的なエピソードに、山のように虚偽や間違いがあることです。

主の御《ご》講演会に関して（『幸福の科学との訣別《けつべつ》』反駁《はんばく》①）

兄弟の立場から反駁《はんばく》しなければいけない論点は、宏洋氏が「他のきょうだいも自分と同じ考えだ」と述べているところだと思います。

例えば宏洋氏は、総裁先生の御《ご》講演に関し、「話の内容も、よく聞いてみたら大したことは言っていない。『何に興奮しているんだろう、この人たちは』と、全然理解できませんでした。『この話のどこに、人は心を動かされるのか』と、疑問に思えて仕方なかったのです。この感覚については、きょうだい全員一緒《いっしょ》だと思います」と述べています。

しかし私の感想は全くの逆で、総裁先生の御法話《ほうわ》を聴《き》いて心を動かされ、「なぜか分からないけれども感動した」というのが、自分自身の信仰の原点です。

昔から初期の講演集が好きで、「悟りの極致《きょくち》とは何か」や「信仰と愛」等を観《み》ると、〝なぜか涙《なみだ》が流れて止まらない〟という経験を何度もしました。「究極の自己実現」を初めて観た時は、ただただ圧倒《あっとう》されました。また、たまたまCDが部屋にあった「愛、無限」「情熱からの出発」「伝道の精神」等は、すりきれるほど聴いていました。

特に、フランクな語り口で語られる大学時代のエピソードから始まり、サタンの誕生にまでテーマが及《およ》ぶ「愛、無限」の講演には、話の運び方に一種の完成された美しさを感じ、本当に何百回を超《こ》えて聴いているはずです。

また、中高時代に人間関係等で苦しんだ時には、『「幸福になれない」症候群《しょうこうぐん》』や『幸福への道標《どうひょう》』『不動心』に、魂《たましい》を救われています。「親からの最大の遺産とは法である」と教えて頂いていますが、生きることがそれほど上手くなかった私は、「法」によって救われてここまで来られた自覚はあります。

信仰《しんこう》を持っていないという決めつけ（『幸福の科学との訣別』反駁②）

さらに別の箇所《かしょ》では、「ほかのきょうだいも、信仰《しんこう》を持っていないのは同じです。腹を割ってそんな話をしたことはないのですが、一緒に生まれ育った仲ですから、そこは話さなくても分かります」と述べています。

これはある意味で、「他のきょうだいからそういう話を聞いたことはない」ことを認めてもいると思います。

もちろん、私たちも、信仰という面では全く不十分で、ご指導いただくことは多くあります。ただし、信仰心がなければ、厳しい道でもある出家《しゅっけ》職員としての聖務《せいむ》はできていません。「勝手に決めつけないでくれ」と思います。

私は幸福の科学の信者であり、主エル・カンターレを信仰しています。大宇宙の根本仏《こんぽんぶつ》であり永遠の仏陀《ぶっだ》である主エル・カンターレ下生《げしょう》の奇跡《きせき》の時代に生まれ、その法を学び、三宝《さんぽう》を護《まも》り、三〇〇〇年先の未来まで法灯《ほうとう》を灯《とも》し続けていくべく、次の世代へ確実に信仰を伝えていくことが、私たちの今世《こんぜ》の使命です。宏洋氏も紆余曲折《うよきょくせつ》はありながらも、最後はしっかりと法に辿《たど》り着くべく、人生計画を立てて来たのだと私は思っていました。

また、「自分に会員番号があることを知らなかった」ことを述べていますが、そもそも会員番号入力をしなければ、総合本部勤務では、初歩的な実務もできないシステムになっています。

出家者数や活動信者数などの初歩的な経営情報もボロボロで、全く認識していなかったことがよく伝わるので、「話せば話すほどボロが出て、血が繋《つな》がった者として恥ずかしいから、もうやめた方がいいよ……」と伝えたいところがあります。

個人のエピソードについて（『幸福の科学との訣別』反駁③）

私個人について触《ふ》れられていることに反駁のスペースを頂くのは恐縮《きょうしゅく》なのですが、「彼の言っている情報がいかに不正確（もしくは虚偽）なものか」を示すという目的で述べておきます。

例えば、私のエピソードに関して、「勉強もせず部活もやらず、中二から引きこもりみたいになった」「（中高時代）友達は一人もいなかった」と書かれていいますが、中学校時代は部活（ソフト〔軟式〕テニス部）に明け暮れていました。進学校だったので、伝統的には大して強い部活ではありませんでしたが、個人（ダブルス）では、中学最後の荒川区《あらかわく》大会で準優勝。団体戦では東京都大会にも出場しました。

高一の夏頃になって、仲の良かった友人たちがバンド活動等を選んで辞《や》めていったため、合わせて私も部活を辞めました。

ところが高校二年の代替わりの時期。同期から新部長を決める段階になった際に、「あいつを副部長に置いておいた方が据《す》わりがいい」という話になり、長く部活に行っていなかったにも関わらず、副部長の肩書《かたがき》をもらい、どうやら卒業までそのままだったようです。

「部活に来ていない人間を副部長にする」というのはあまり聞いたことがないので、ある程度の友人たちからの信頼はあったのだと思います。

大して勉強ができなかったのは事実ですが、中高の成績も「下の下位の一割」に入った記憶は特にありません。

私にも家庭があり、親族の方々もおられます。虚偽による風評被害《ひがい》は御免《ごめん》願いたいものです。

その頃、兄に会う機会は年に数回だったので、〝数少ない機会は楽しく過ごしたい〟と思い、弟の裕太《ゆうた》を含め、面白《おもしろ》おかしく、「グレていた兄が好きそうな話」を大げさに話して、会話を合わせていたことはあると思います。

ただでさえ進学校に進んでいる弟たちから、知的な話など聞かされたら、兄は家族になじめなくなるでしょう。その程度の暗黙《あんもく》の配慮《はいりょ》は、弟と共にありました。

しかし、自分に都合《つごう》の良い話だけは大げさに記憶が残り、少しずつ記憶が入れ替わっていき、「その言葉には社交辞令が入っていたり、全てではない」ということに気づかないのが宏洋氏なのです。

じゅうたんのエピソードについて（『幸福の科学との訣別』反駁④）

また、「二十年ぐらい前の話」として、「総裁先生が大悟館《たいごかん》・二階のリビングに高級なペルシャじゅうたんを買って敷《し》いた」ことに、「小学校低学年だった次男の真輝」が反対したというエピソードも登場しています。

しかしこれは、「二〇〇六〜七年前後」に、母・きょう子《こ》氏が、教団施設《しせつ》ではない私邸《してい》（現・エル・カンターレ信仰館）を建てる計画をして、デザイン・装飾《そうしょく》物《ぶつ》を紙面上で決めていた際に、「中学生だった私」が「母に言った言葉」ではないかと思います。そこには、「そもそも必要性があるかどうかも分からない私邸に、高級なものは要《い》らないのではないか」という趣旨《しゅし》もあったと思います。

その後、私はそのじゅうたんを見た記憶もありませんし、総裁先生はこの会話には全く関わっておらず、エピソード自体を御存じないのではないかと思います。

あたかも〝実際にあった〟ことかのように、「総裁先生のセリフ」や「二週間後、その高級じゅうたんは、隆法が室内に飼っていたウサギにかじられて、ボロボロになっていました」という後日談まで丁寧《ていねい》に付け加えられていますが、私邸にウサギがいたことはなく、当然ボロボロになるはずもありません。

そもそも、「二十年ぐらい前」だとしても、その時期はウサギを飼っていないので、「でっち上げ」としても設定が崩壊《ほうかい》しているレベルです。

細かなことではありますが、宏洋氏の話の〝情報精度レベル〟が分かって頂けるのではないかと思います。

本書籍の他の部分も、だいたい同じような〝空想小説〟や〝でっち上げ〟が多いです。

今後は兄についていては、良い反面教師とさせてもらい、謙虚《けんきょ》に、「悪魔に乗っ取られない生き方」を勉強していきたいと思います。学ぶべきところは学び、同じ失敗をしないように、何とか、「信仰者」として人生を全《まっと》うしていきたいと思っています。加えて、彼がこれ以上の悪を犯《おか》し、多くの人たちの信仰心を傷つけることがないよう、降魔《ごうま》の思いを強めて参ります。

また、姉の咲也加副理事長を中心としながら、サンガとして信仰心をしっかりと護って頂いていることに感謝を深めて参ります。

そして、日々人類を導いて頂いている主エル・カンターレ、大川隆法総裁先生への信仰を深め、護っていきたいと思います。

小文で申し訳ないのですが、弟の立場からも、幸福の科学が公式に出しているものと同じ見解だと伝わることで、少しでも多くの方々の誤解を、払拭《ふっしょく》するお力になれたら幸いです。

大川宏洋氏への反論

幸福の科学政務本部東京強化部長　大川裕太《おおかわゆうた》

私・裕太は、大川家の三男として生まれ、宏洋氏とは学年では七歳違《さいちが》いになります。

私が小学校に入るとき中学生、中学に上がるときには大学生になっていましたので、かなり遠い、「大人の世界を行く」存在でした。

真輝《まさき》さんの話にある通り、物心つく頃《ころ》から、夕食を一緒《いっしょ》に食べることが少なかったので、普段《ふだん》なかなか会うことは少ないものでした。ただ、現れるたびに色々なトラブルを起こしていたことを覚えています。

「宏洋氏が嫉妬《しっと》するから」プレゼントが簡素なものに

私が幼稚園《ようちえん》生の頃ですが、「誕生日プレゼントに何が欲《ほ》しい?」と聞かれ、色々カタログを見せてもらいました。その中で、電車のシミュレーション・ゲーム(のようなおもちゃ)が欲しいとせがみ、それを買ってもらえることになっていました。

しかし、当日、なんとプレゼントは格下げになり、電車のパズルになっていました。

色々と理由を聞くと、「中学受験で忙《いそが》しい宏洋お兄ちゃんが嫉妬《しっと》するから」ということでした。

その時のガッカリした気持ち、やるせない気持ちは今も覚えています。

宏洋氏には、昔から、「他の人がいいものをもらっていたら、それを奪《うば》いたくなる」傾向《けいこう》があったと思います。

下品で不謹慎《ふきんしん》

宏洋氏は、中学校に上がって以降は、家族の夕食に出ることはほとんどありませんでした。これは、実母きょう子《こ》氏の意向もあったかもしれません。

年に何回かあるきょうだいの誕生日会のパーティーの時には途中《とちゅう》から現れて、一人だけ狂《くる》ったようなバカ騒《さわ》ぎをしていました。私はよく捕《つか》まえられてズボンの上からカンチョウされており（力の差がありすぎて逃《に》げられない）、パンツを脱《ぬ》がされてハンガーを肛門《こうもん》に突《つ》っ込《こ》まれたこともあります。

二〇〇三年に祖父（善川三朗名誉顧問《よしかわさぶろうめいよこもん》先生）が帰天《きてん》した時、家族で徳島に向かい、家族で徳島にある僧坊《そうぼう》の建物に泊《と》まったのですが、この時、宏洋氏と真輝さんと私でお風呂《ふろ》に入ったところ、お風呂で大暴《おおあば》れし、お風呂の中で放尿《ほうにょう》をしてしまいました（そのあとみんな入るというのに）。

こういう不謹慎《ふきんしん》なことを面白《おもしろ》がってしたがる傾向性があったと思います。

今でも、宏洋氏は、YouTube《ユーチューブ》で、大変下品な行動をしていると思いますが、いつまでたっても、社会人としてのモラルが身に付かない姿勢に、家族としては、非常に残念に、また恥《は》ずかしく思います。

欲が深くて金銭トラブルを起こす

宏洋氏は、中学時代に、万引きをして捕まり、当時通っていた塾《じゅく》を退塾になっています。

それまで大川家は、お小遣《こづか》いについては、信者さんのお布施《ふせ》ということもあり、非常に厳しいものだったのですが、宏洋氏が万引きをして以降、お小遣いの額が増額になったのを覚えています。

真輝さんは中学生ぐらいのある時、誕生日プレゼントに金庫を注文していました。それは、大学生の宏洋氏が、真輝さんのいない時に部屋に入り込んでお金を盗《ぬす》むからでした。

このように、宏洋氏は、いつもすぐお金をたくさん使ってしまい、トラブルを起こしていたのを覚えています。

今に至っても、YouTubeで宏洋氏が発信している内容は、「給料が幾《いく》ら」といった話が頻繁《ひんぱん》に出てきます。お金に関する執着《しゅうちゃく》が人一倍強いようで、悲しくて仕方ありません。

宏洋氏の教育や、宏洋氏の企画《きかく》のために使われたお金は大変多いものだったと思いますが、しかし、それでもまだ、「遺産」をよこせと言うなど、宏洋氏の金遣いの荒《あら》さ、金銭欲は、常軌《じょうき》を逸《いっ》したものを感じざるを得ません。

「幸福の科学よりも外のものが偉《えら》い」という理念を兄弟に伝道する

宏洋氏は、昔から、男兄弟に、「幸福の科学のものはとにかくセンスがなくて、一般《いっぱん》受けしない。だから駄目《だめ》なんだ」「外のものがいかに素晴《すば》らしいか」ということばかりを熱心に伝道してきました。それが、映画の脚本《きゃくほん》にも反映されていると思います。

自分自身がクラスで認められてこなかった劣等《れっとう》感などを、全部、家庭環境《かんきょう》や宗教のせいにしているところもあるのかもしれません。

しかし、とにかく「世間《せけん》様は偉《えら》い。一般の価値観は正しい。当会の価値観は間違っている」ということを言うものですから、世論や世間の評判にはめっぽう弱いところがありました。

例えば、幸福実現党の立党後の二〇〇九年当時、「鳩山《はとやま》首相は世間の評判もいいし、なんで反対するのか分からない。別にいいじゃん」と言っていたのを覚えています。

また、宏洋氏が大学時代に付き合っていた当時の彼女（一般）を、総裁先生に紹介《しょうかい》したいということで、その前に、まず咲也加《さやか》さん・真輝さん・私の三人と会わせたいと、代官山《だいかんやま》にディナーに連れていかれましたが、その時にも、彼女が疑問に思っている「宗教への偏見《へんけん》」について、どう考えるかということについて、宏洋氏からではなく、なんと、当時中学生の私が説得する始末でした（「いい話だったよ」と褒《ほ》めてはくれましたが）。

こうした、「世間一般の価値観」を称揚《しょうよう》していて、幸福の科学の価値観が素晴らしいと思っていないところについて、宏洋氏が調子のいい時には、大川隆法総裁先生は、その才能を会のイノベーションに使おうとされてきました。

例えば、ある時から、大川隆法総裁先生の御法話《ごほうわ》に、突如《とつじょ》として、若者に人気のアニメ「新世紀エヴァンゲリオン」の話が登場し始めますが、これは、アニメオタクだった宏洋氏が、同アニメの全巻ＤＶＤを総裁先生に買ってきたからです。

総裁先生は、大変お忙しいにも関わらず、「なるほど、宏洋はこういったものが好きなんだな。若者にも伝わるように、こういうものを勉強しておかなければならない」と思われ、（私でも観《み》ていない）エヴァンゲリオンのＤＶＤを全巻ご覧になられたわけです。

それから、宏洋氏が、ある時、ロックユニットの「B'z」が大変好きだということを聞きつけては、総裁先生は、B'zのミュージックビデオを一生懸命《いっしょうけんめい》に研究されておられました。

総裁先生は、とにかく、宏洋氏の才能を何とか生かそう、何とか宏洋氏を理解しよう、と思われていたように思います。

ただ、今は、宏洋氏の「一般の価値観が素晴らしい」という考えが行き過ぎて、幸福の科学の価値観を全部否定するようなところにまで来てしまいました。

宏洋氏に元々あった傾向性ですが、その悪《あ》しき面が増大して、教団と敵対するようにまでなってしまったことは、大変悲しく思います。

勝手に咲也加《さやか》さんと仲が悪いことにしないでください

それから、私（裕太）が、咲也加《さやか》さんと仲が悪いから左遷《させん》されているという情報を流されておりますが、事実とは違うので、いい迷惑《めいわく》です。

咲也加さんも私も、お互《たが》い自立した個人として仕事をしていますので、子供の時ほどはお会いできていませんが、咲也加さんからは、よくプレゼントも頂いたり、時には、直樹《なおき》さんにドライブしてもらって一緒にご飯《はん》を食べに行ったりもしています。

宏洋氏は、教団の外で、家族の内部情報を発信できるのが自分だけだということで、調子に乗って「知ったかぶり」をしていると感じます。実際は、情報が大部分間違っています。

一方的に都合《つごう》のよいストーリーを作らないでいただきたいなと思います。

私の友達の反応

私の、一般の中学・高校や、大学の友達などと久しぶりに会うと、宏洋氏のYouTubeの情報を知っていて、

「大丈夫か」「お前が病《や》んでいないか心配だった」「お前が兄貴みたいにならなくてよかった」「組織を護《まも》るって実に大変なことだよな。応援《おうえん》してる」というお声を頂きました。

こういう時には（笑）心配してくださる友人の存在は、本当にありがたいと思っております。

また、幸福の科学に対して普段は批判的な先輩《せんぱい》でも、「（宏洋氏の YouTube は）しばらく見てたけど、まじ面白くない人だよな。チャンネル登録するのやめたわ」

「あれだけ『戦う』と言っておいて、住所がバレたらすぐ引っ越《こ》しして、なんて腰抜《こしぬ》けな人なんだと思ったわ」

「要するに、個人的な恨《うら》みだよな。しょうもない」

というような感想が多数でした。

一般の方々といえども、みな宏洋氏と同じ価値観を抱《いだ》いているわけではないということを、宏洋氏にはよくご理解いただきたいと思います。

他人の信仰《しんこう》を踏《ふ》みにじる行為《こうい》は、許されない

典型的な宏洋氏の見方では、「職員や信者は幸福の科学のことを妄信《もうしん》している、

理性のないおかしな人々」という言い方です。元・幸福の科学信者を名乗るアンチ派の人々の典型的なロジックも同じものです。「幸福の科学を信仰《しんこう》している」というその一点を知った瞬間《しゅんかん》、目の前にいるその人を、まるで人間ではないように見下し、理性がない人であるかの如《ごと》く、誹謗中傷《ひぼうちゅうしょう》しています。

しかし、そもそもこの論理や行為《こうい》自体が、おかしなものではないでしょうか。「基本的人権」を尊重する日本国憲法では「信教の自由」が認められており、「良心の自由」も認められています。

欧米をはじめ、世界のさまざまな国々でも、「信仰の問題というのは、決して否定したり馬鹿《ばか》にしてはならないものだ」ということは、当たり前の礼儀《れいぎ》、マナーです。

仕事の場においても、お客様の信仰の問題に立ち入ったり、取引先の人間関係がある方に信仰問題に立ち入ったりするのが御法度《ごはっと》なのは、それが個人の人権や尊厳に関わる問題だからです。

他人の信仰心を嘲笑《ちょうしょう》し誹謗する姿勢は、社会通念に照らして、基本的人権を踏《ふ》みにじる行為に他なりませんし、決して許されることではありません。

信仰を持たない人がそれを自分の信念にするのは個人の勝手ですが、他人の信仰を否定し冒瀆《ぼうとく》する行為は、人間として最も不適切な行為の一つだと思います。刑法《けいほう》に「礼拝所不敬罪《れいはいしょふけいざい》」が存在するのも、そうした理念からです。信仰とは、誹謗中傷したり冒瀆してはならないものだからです。

本当に「正義」を謳《うた》うならば、こうした「良識」に欠ける姿勢があってはならないのではないでしょうか。

反省への道

幸福の科学は、単に、一方的に宏洋氏を「悪」だと断罪しているわけではありません。

大川隆法総裁先生は、「愛」「許し」ということも教えてくださっています。宏洋氏だけが根源悪のように言えるわけではないのは、誰《だれ》しも、試練を与《あた》えられることはあるからです。

しかし、マスターからお叱《しか》りを頂いたなら、素直《すなお》に受け入れるのは信仰者として当たり前の態度です。

「自分の心が悪なる状況《じょうきょう》にある」という風に言われたら、必要なのは、マスターに対して反抗《はんこう》することではなく、とにかく、反省して、直そうと努力すればよいのです。

宏洋氏にできないでいるのは、そうした単純でシンプルな修行《しゅぎょう》なのです。

宏洋氏の修行を邪魔《じゃま》しているのは、彼のプライド、慢心《まんしん》、金銭欲・名誉《めいよ》欲、幸福の科学の教学の欠如だと思います。

今はまだ完璧《かんぺき》でなくても、あるいは、大きな間違いを犯《おか》した者でも「主の指し示す方向に向かって前進していきたい」という、菩提心《ぼだいしん》さえあれば、必ず道が開けるものだと思います。

これこそが、主エル・カンターレのくださった愛であり、許しであり、福音《ふくいん》だと思います。

ぜひ、宏洋氏には、救いを信じ、「反省し、悔《く》い改める」道を歩んでいただきたいと思います。

『幸福の科学との訣別《けつべつ》』のあまりに多すぎる嘘《うそ》

さて、二〇二〇年三月十一日に文藝春秋《ぶんげいしゅんじゅう》社から発刊になった、『幸福の科学との訣別《けつべつ》』（宏洋著）を拝見しましたが、あまりの嘘《うそ》と誇張《こちょう》の多さに言葉も出ないほどです。

よくここまで堂々と、多くの人が同時に見ている事実について、息を吐《は》くように嘘をつけるものだと思います。大川隆法総裁先生や幸福の科学を貶《おとし》めるために、意図的に嘘をついているのだと思います。

宏洋氏本人は「面白《おもしろ》ければそれでよい」「自分の正当性を訴《うった》えたい」という目的で、事実を歪曲《わいきょく》したり、調子に乗って誇張したりしているように見受けられます。

それに、自分が直接的には知らないことや、伝聞で聞いたことについて、まるで当事者であったかのように書いています。

これより、宏洋氏が言及《げんきゅう》していることについて私が同時に認識していたことについては、その一部について、反論させていただきたいと思います。紙面の関係上、書くことができるのは一部しかありませんが、それにしても、その歪曲率はすごいものです。

それに、当事者が存在するにもかかわらず、これほどの虚偽《きょぎ》情報を堂々と出版する文藝春秋社というところは、どれほど非常識な出版社なのでしょうか。私（大川裕太）についても言及がありますが、私は一切《いっさい》何の取材も受けておりません。

プライベートに関しても、事実無根の記述が多々あるのですが、一体どういう基準でこれを出版しているというのでしょうか。

文藝春秋社についても、宏洋氏の論理破綻《はたん》、社会的知性の欠如《けつじょ》、教団への私怨《しえん》を重々認識しておりながら、幸福の科学を叩《たた》く「面白さ」のために、プライバシーに関する虚偽情報だらけの本を出版する精神性の低さに、驚《おどろ》きを禁じ得ません。

以下、『幸福の科学との訣別』より、宏洋氏の嘘・歪曲の一例を挙げさせていただきます。

一二〜一三ページ　**隆法からは「父と子である以前に、師と弟子《でし》である」『エル・カンターレ』を肉体的な父親として見てはいけない」と、常々言い付けられていました。**

↓こんなことは一切ありませんでした。むしろ、良き父親として、子供たちを育てようという愛に、いつも溢《あふ》れていたと感じています。

一三ページ　（大川隆法総裁の）**話の内容も、よく聞いてみたら大したことは言っていない。「何に興奮してるんだろう、この人たちは」と、全然理解できませんでした。**（**中略**）**この感覚については、きょうだい全員一緒だと思います。**

↓私はそのように感じておりません。自分自身で、大川隆法総裁先生の御法話・霊言《れいげん》に感動し、その価値の高さを認識しているから、教団で聖務《せいむ》をさせていただいています。

一〇三ページにも、きょうだいみんな、両親のどちらに対しても感情的な思い入れはありません。

と書かれていますが、何の権限があって勝手にそんなことを言っているのでしょうか。少なくとも私は思い入れがありますし、それは他のきょうだいも同じことだと思います。まるで自分がリーダーであるかのように、勝手な話を作らないでいただきたいです。

二三ページ　私自身、隆法から注文があれば、どんな霊言でもやっていました。

↓全くの嘘です。宏洋氏は、本物の霊言などなかなかできておらず、全くのデタラメが多かったので、きちんとした霊言のチャネラーはほとんどさせてもらえませんでした。宏洋氏は、「霊言」と称《しょう》して、「大学の友達の守護霊《しゅごれい》を〝呼び出し〟たところ、実は『項羽《こうう》と劉邦《りゅうほう》』や『三国志《さんごくし》』シリーズの英雄《えいゆう》だった」というようなことをやっていて、真剣《しんけん》に大川隆法総裁に報告したところ、「この霊査《れいさ》は全部間違っているようだよ」と言われていました（そりゃ、宏洋氏の単なる酒飲みの麻雀《マージャン》友達が、英布《えいふ》だ、黒田官兵衛《くろだかんべえ》だ、と名乗るのですから、誰《だれ》が見ても間違っているなと分かります）。NSPの社長をしていた時にも、水月《みづき》ゆうこ氏の〝霊言〟を勝手に行い、その内容が悪かったとして仙台正心館《せんだいしょうしんかん》に水月氏を反省行《ぎょう》に送り込《こ》むなど、勝手なことをしていました（その時の水月氏の〝霊言〟は、本物ではなかったということが、大川隆法総裁先生によって後《のち》に判定されています）。宏洋氏の〝霊言〟こそ、自分の思い込みや妄想《もうそう》が入っており、相当信憑性《しんぴょう》の低いものでした。

二九ページ　当時の隆法は、そんな世間《せけん》の反応に「絶望してしまった」というように見えました。それ故《ゆえ》に、都会の喧騒《けんそう》から離《はな》れて、宇都宮《うつのみや》に〝山籠《やまご》もり〟をすることにした。リビングで落ち込みながら延々と愚痴《ぐち》をたれている隆法を見ていた私には、そのように思えました。隆法は徳島県川島町《かわしまちょう》の出身で、「東京のような都会は好きではない」とよくこぼしていました。地方に隠居《いんきょ》して、心を休めたかったのだと思います。

↓全くのデタラメです。当時は、それまで外部会場講演会中心型の宗教だったのが、教団として永続的な施設《しせつ》を作り、都心から離れた心を見つめやすい場所に「精舎《しょうじゃ》」を作る方がよい、というイノベーションが行われ、首都圏《けん》からアクセスのしやすい栃木《とちぎ》県に「本山《ほんざん》」を建てようという方針になったわけです。

当時宏洋氏は、小学校三〜四年で、転校先の宇都宮の小学校で、放尿《ほうにょう》してはそれをごまかすために自《みずか》ら掃除《そうじ》用のバケツの水を被《かぶ》るなどの悪ふざけをしており、とてもそんなことを考えていたはずがありません。

尚《なお》、私は、リビングで落ち込んで延々と愚痴を垂れている総裁先生の姿など見たことがありません。多少お疲《つか》れの時はありますが、そういう場合は、言葉が少なくなります。また、「東京のような都会は好きではない」という言葉も一回も聞いたことがありません。総裁先生は、基本的に、情報機能の集まる東京にいることを好まれる傾向《けいこう》にあると思います。

二九ページ　2年後に再び本部機能を東京に戻《もど》した理由は、よく分かりません。やはり「総理大臣になりたい」という夢を捨てきれなかったのかもしれません。

↓宏洋氏の中学受験も理由の一つでしたよ。しらじらしいです。

三〇ページ　**（東日本大震災《だいしんさい》のくだりについて）隆法は、メチャクチャ慌《あわ》ててい**

ました。お茶《ちゃ》の水《みず》女子大の学生だった咲也加《さやか》を心配していたのです。「咲也ちゃん、どこにいる？　咲也ちゃんと連絡《れんらく》が取れない。なんで？　どうなってるんだ、お前ら！」と、秘書の人たち相手にブチ切れていました。（中略）「おい、どうなってるんだ。どこにいるんだ。あと何分で帰ってくるんだ。遅《おそ》い！」と、秘書を怒鳴《どな》り散らしていました。

↓私は当時、家におりました。震災が起きるや否《いな》や、聖務中であられた総裁先生は子供たちのいるリビングまで来てくださって、一緒にテレビを観てくださいました。総裁先生は、テレビを観ながら本を読まれており、津波《つなみ》の状況《じょうきょう》は刻《こく》一刻と注視されていましたが、いつもどおり平然とされておられました。確かに咲也加さんはその時外出中でしたが、別に？　そこまで心配している風ではありませんでした。咲也加さんも、渋滞《じゅうたい》に巻き込まれはしましたが、普通《ふつう》に帰ってきました。

総裁先生が声を荒《あら》らげて怒《おこ》ることはありませんし、「お前ら」「おい」などという言葉を使ったことは一度としてありません（それは宏洋氏自身の口調です）。宏洋氏自身、同書の中で、「**父・隆法の唯一《ゆいいつ》良いところは、ブチ切れないことです。（一〇四ページ）**」と言及しています。全く矛盾《むじゅん》した記述です。

というか、宏洋氏は当時について、「友達から麻雀に誘《さそ》われていて、池袋《いけぶくろ》に向かう途中《とちゅう》でした……」と書いてあるのですから、その場に居合わせていないはずです。私もその場に宏洋氏がいた記憶がありません。勝手な想像で書かないでください。

三六ページ　2階の広いリビングに、隆法が高級なペルシャじゅうたんを買って敷《し》いたことがあります。それを見て激怒したのは、小学校低学年だった次男の真輝です。「こんなじゅうたんに60万円もかけるなんて、金銭感覚が狂《くる》ってる！」

（中略）2週間後、その高級じゅうたんは、隆法が室内で飼っていたウサギにかじられて、ボロボロになっていました。

↓全くの嘘です。まず、総裁先生が家具類を自分で買われることはありません。真輝さんがじゅうたんの金額で怒ったことはありますが、それはわが家の話ではなく、エル・カンターレ信仰館《しんこうかん》という、後《のち》にきょう子氏、そして宏洋氏が住むことになる建物で、まだ当面人が住まないので、高いじゅうたんは必要ないのではないか、という話をしただけのことでした。

尚、ウサギはじゅうたんをかじりませんし、ボロボロにもなりません。

お笑い芸人が話を膨《ふく》らませるように、憶《おぼ》えている話を適当につなぎ合わせてネタとして膨らませているだけでしょう。全くの事実無根です。

六五ページ　きょうだいの中では私が一番、体罰《たいばつ》を受けていたと思います。下の

子たちは、それほど厳しくされていませんでした。

↓それは、先述したように、宏洋氏だけがずば抜《ぬ》けて行儀《ぎょうぎ》が悪く下品で、口で注意を受けても全く行動が変わらなかったからでしょう。

六六ページ　とにかく食事中は、失言をしないことが一番大事。ずっと無言でいたかった。しかし話しかけられたときは答えないといけないので、いかに失言しないかを考え、常に用心しながらしゃべる。そんな幼少時代でした。

↓そんなことは一切ありませんでした。いつも総裁先生は子供たちの話によく耳を傾《かたむ》けてくださいました。実母のきょう子氏が時々、いきなり怒り出すことはありましたが、それは、宏洋氏があまりに下品な話や、他人の悪口ばかりを話すからでした。

六七〜六八ページ　隆法はリンカーンのリムジンを買いました。（中略）普通の車より、長さが2倍くらいあります。（中略）運転手さんから、「宏洋くんの塾《じゅく》の送り迎《むか》えに、この車を使ってもいいかな」と打診《だしん》されたことがあります。（中略）私は必死に断わりました。

まず、総裁先生がご自分でこういったものを買うことはありません（車好きの宏洋さんとは全然違います）。この当時は日米貿易摩擦《まさつ》があり、使いづらいけれどもアメリカ車を買うことが国民的に推奨《すいしょう》された時で、当会としてもフォード社の車を購入《こうにゅう》したのです。そしてあれはリムジンではなく普通のセダンでした。大きいのではなく、左ハンドルだったので運転がしにくかったというだけです。それに、総裁先生用の車を子供の送り迎えに使うことは絶対にありませんでしたので、これは全くの嘘です。また、もしそういう打診があったら、高級車好きの宏洋さんが断るはずはありません。

七一ページ　隆法は、子どもたちの前で自分のことを「パパ」と言います。ですが子どもたちには、「先生と呼びなさい」と言いました。

↓そんなことは一切言われていませんし、今でも別に「パパ」と呼べます。子供たちが大きくなって職員になったので、自主的に「先生」と呼ぶようになっているだけです。

七二〜七三ページ　隆法は徳島の田舎《いなか》の出身なので、虫が大好きです。（中略）朝になって隆法が、シーツに張り付いているカブトムシやクワガタを見つけて、「おー、いたぞ！」と大喜びします。でもそれは、秘書の方が買ってきて張り付けていただけ。

↓これは、子供たち、特に宏洋氏を喜ばせるために、総裁先生や秘書の方々がお楽しみで企画してくださったことで、それが恒例《こうれい》行事になっていたということなのです。秘書の方々が付けているのも、子供たちを喜ばせるためでした。全くの歪曲です。

八四～八五ページ　「絶対に1番になれ」というのが、隆法の唯一の教えです。（中略）「とにかく100点を取りなさい。99点も0点も一緒。100点以外は意味がないんだ」と、厳しく言われていました。

↓全くそんなことを言われた記憶はありません。むしろ、私は、勉強に際して、「間違いをごまかさないで、そこから学ぶことが大事」「努力する姿勢が大事」「完璧主義に陥《おちい》るな」ということをいつも教わってきました。幸福の科学の本を少しでも読めば分かる話です。

一〇七ページ　港《みなと》区立白金《しろかね》小学校に通っていた裕太がいじめに遭《あ》ったとき、きょう子さんはＰＴＡ会長を務めていました。「ＰＴＡ会長の子どもをいじめるとは何事だ！」と怒りは増幅され、（中略）

↓きょう子氏がＰＴＡ会長を務めていたという事実は全くありません。デタラメな話です。

一一七ページ　ウサギの面倒《めんどう》を一番見ていたのは、裕太でした。毎日エサをあげたり、遊ばせていたのです。その裕太が、「どうする？　次のウサギ、どこに買いに行く？」と、（中略）

↓面倒を見ていたのは次女の愛理沙《ありさ》です。私はほとんど関わっていません。そして、そんな発言もしていません。

一二八ページ（紫央《しお》総裁補佐《ほさ》から、前妻のきょう子氏の子である私たちに）**口《くち》癖《ぐせ》のように言われたのは、「あんたらには半分、悪魔の血が流れてるんだよ」という言葉です。**

↓一度もそんなことを言われた覚えはありません。とんだ妄想です。むしろ、紫央さんは、いつも私たちを大変気づかい、配慮《はいりょ》してくださっています。

一三六ページ　**「私はエル・カンターレを信じます」と口にしたこともありません。（中略）ほかの4人も同じはずです。**

↓私はきちんと三帰誓願《さんきせいがん》をさせていただいております。勝手に一緒にしないでいただきたいです。

・すべてが矛盾《むじゅん》だらけの宏洋氏

宏洋氏の発言は実に、矛盾《むじゅん》だらけです。

一六八ページ　私は、大川隆法を一度も〝神〟だと思ったことはありません。

と言っておきながら、YouTube《ユーチューブ》のタイトルには「神の子の日常」などと書き、「授業はあまりに退屈《たいくつ》すぎて、ほとんど睡眠《すいみん》時間になりました」など自分がいかに小学校時代に勉強ができたかを誇《ほこ》り（七九〜八〇ページ）、「仏陀再誕《ぶっださいたん》」「君のまなざし」に関わるなど、自分がいかに映画製作の才能があるかを誇り（一四〇ページ〜）、「アポロン」「荘子《そうし》」など自分の良い過去世《かこぜ》については否定しない（一六五ページ）など、自分には特権的な地位を保ちたがっています。

もし総裁先生を否定すれば、自分自身は、「ただの人」で、あとは何も残らないにも関わらず、です。

一六九ページ　私は私のやるべき事をやる。大川隆法も、幸福の科学も一切眼中にはありません。大川隆法は、私にとっては路傍《ろぼう》の石の一つ、取るに足らないガラクタにしか過ぎないのです。

一七四ページ　今後一切、幸福の科学に関わる気はありません。

もし単に訣別したいだけなら、「大川隆法」や「幸福の科学」のことに一切言及せずに活動すればよいはずです。しかし、宏洋氏のYouTubeは幸福の科学ネタで視聴《しちょう》回数を稼《かせ》いでいますし、外部出版での最初の著作が『幸福の科学との訣別』であるわけです。親の知名度、組織の知名度を利用して注目を集めようという根性《こんじょう》が、本当におかしいものだと感じます。

要するに、「自分はもっと偉いのだ」「自分の才能はもっと上だ」ということが言いたいのでしょう。自分以外のものをすべて否定していますが、あまりに傲慢《ごうまん》な発言に思います。

こうした事実無根の話を広げ、自分の正しさをＰＲしようとしている姿勢は、あまりに卑怯《ひきょう》であり、見るに堪《た》えません。

信者の皆様《みなさま》からさまざまにお支えいただいたはずの大川家の一員が、このような醜態《しゅうたい》をさらしていることが、大変申し訳なく思います。

私は、総裁先生や職員の皆様、信者の皆様に温かく育てていただいた御恩を決して忘れず、今後の人生で、私に最大限できる限り、教団に対する責任を正しく果たさせていただくつもりです。

第三部　幸福の科学グループ公式見解

―宏洋《ひろし》氏と文藝春秋《ぶんげいしゅんじゅう》社の虚妄《きょもう》を正す―

『幸福の科学との訣別《けつべつ》』宏洋《ひろし》著（文藝春秋刊《ぶんげいしゅんじゅう》）への広報局見解

宏洋《ひろし》氏は、三月十日に発刊した自著『幸福の科学との訣別《けつべつ》』のなかで、大川隆法総裁やその説かれる教義、ご家族、教団運営の実際について、実に百カ所近くに上るウソや誹謗中傷《ひぼうちゅうしょう》を公表しました。文藝春秋社は、「週刊文春」（二〇一九年二月二十八日号）記事にて、当教団より名誉毀損《めいよきそん》で訴《うった》えられ、現在裁判になっております。当教団広報局からの抗議《こうぎ》を受け、宏洋氏の語る内容に多数のウソが含《ふく》まれていることを、文藝春秋社が知っていながら宏洋著の書籍《しょせき》を発刊したとするならば、出版社としての道に反する行為《こうい》であり、社会的に決して許されるものではありません。ましてや、大川隆法総裁は当教団の信仰《しんこう》の対象であり、こうした誹謗中傷は多くの人の信仰心《しんこうしん》を傷つける許されない行為です。本章では、その主要なものを取り上げ、宗教的真理の観点から、その過《あやま》ちを正します。

「世の中の人が言うことを信じてはいけない」というウソ

宏洋氏は自著の冒頭《ぼうとう》部分で、「世の中の一般《いっぱん》的な考えは、基本的に間違《まちが》っている。齟齬《そご》があった場合は、我々が正しい。世の中の人が言うことを信じてはいけない」と、常々言い聞かされていたと言っています。しかし、大川総裁の教えにそのようなものはありません。大川総裁の教えは、世を信じ、人を信じ、神を信じる教えであり、世の中のさまざまな事象の中から正邪《せいじゃ》を見分け、悪を去り、善を取ることが大切であると教えています。

また、神仏から見た価値判断を示し、人間一人ひとりが良心（仏性《ぶっしょう》）に基《もと》づく善なる生き方をすることが大切であると説いています。宏洋氏の発言は、総裁の教えを曲解し、自身の記憶《きおく》をすり替《か》え、意図的に世間《せけん》に誤解を与《あた》えるようにウソをついています。

総理大臣・日本のドナルド・トランプになりたいというウソ

また、宏洋氏が言うような「総理大臣になりたい」とか「日本のドナルド・トランプになりたい」などということもありません。このように総裁を冒瀆《ぼうとく》する発言は、私利私欲にまみれている宏洋氏自身の邪推にしかすぎません。

また、宏洋氏は「父を神だと思ったことはない」と言っていますが、これは事実に反します。二〇一一年四月二十九日に、「成功への道」という題で、大川総裁による青年向け御法話《ごほうわ》がなされた際、同氏は前座として「エル・カンターレ信仰と伝道について」と題した講話を行《おこな》っています。そのなかで宏洋氏は「エル・カンターレは、絶対に、何があっても、あなたがたを見てくださっている。これだけは、確信して言えます」「少しでも、エル・カンターレのお役に立ちたいと、いうふうに考えておりますので、みなさま、共に頑張《がんば》っていきましょう」と強く信仰心を語っています。確実に、大川総裁を至高神、主エル・カンターレとして信仰していたのです。

また、犯罪集団であったオウム真理教の麻原《あさはら》を引き合いに出し、「ほぼ一緒《いっしょ》かな」などと当教団を冒瀆していています。世界百カ国以上の人々が信仰の対象としている大川総裁を、すでに破門《はもん》され、外部の一個人となった同氏が冒瀆することは、決して許されることではありません。

野田《のだ》元首相の守護霊霊言《しゅごれいれいげん》前に解散になった事実はない

今回の自著で宏洋氏は、大川総裁が行っている公開霊言《れいげん》について、「事前の情報収集が不足していると〝放送事故〟が起きてしまう」などとし、その一例として、二〇一二年に行われた野田《のだ》首相（当時）の守護霊《しゅごれい》霊言収録直前に、同首相が衆議院解散を宣言し、「解散総選挙はやらないよ」と霊言していた大川総裁が冷や汗《あせ》を流したことを挙げています。

しかし、そのような事実は全くなく、呆《あき》れるほどの作り話になっています。野田首相が解散を明言した二〇一二年の十一月十四日当日に、霊言は公開で収録されていますが、解散発言の数時間前に収録が終了《しゅうりょう》、十一月二十日に支部で公開、十一月三十日に書籍として発刊されています。この時の解散発言は当時の安倍《あべ》自民党総裁との国会論戦の中で安倍氏の挑発《ちょうはつ》によって発言してしまったというのは有名な話です。

宏洋氏が、このように見てきたようなウソを平気でつくのを理解するには、悪《あく》霊《れい》や悪魔《あくま》などの霊存在の働きを知る必要があります。

霊言《れいげん》はパフォーマンスというウソ

宏洋氏は、自著の中で、「霊言《れいげん》で問われるのは、どこまで本物っぽくできるか、というセンスです。隆法本人も当然、パフォーマンスだと自覚しています」などと語り、総裁の行う霊言を冒瀆しています。

総裁は最高の霊能者であり、その霊言は本物です。本物の霊言ができず、信仰を失った宏洋氏が勝手に誹謗中傷することは許されないことです。霊言現象とは、「あの世」の霊存在の言葉を語り下ろす現象のことですが、宗教的修行《しゅぎょう》が十分でないと、悪霊、悪魔といった邪悪な霊に憑依《ひょうい》されてしまいます。いったん取り憑《つ》かれると、なかなか離《はな》れませんし、さらには、心の中に浮《う》かんだ考えが、悪霊の囁《ささや》きなのか、自分がそう思っているのかの区別もつかなくなってしまいます。そのため、神仏に対する信仰心を持ち、導師《どうし》のもとで地道に心の修行を続けていく必要があり、自《みずか》らの自我我欲《じがが よく》を抑《おさ》えつつ、悪霊の囁きに騙《だま》されないよう、信仰心を深めつつ、社会的見識や宗教的教養を積んでいくことが大切になります。

宏洋氏には、奇行《きこう》や、誤った思い込《こ》み、記憶の喪失《そうしつ》などが数多くあります。これは、霊に憑依され、その霊がしゃべったことをすっかり忘れてしまっている霊《れい》障《しょう》状態である可能性が高く、医学的には解離《かいり》性障害などによくあるパターンです。同氏は、自分で自分をコントロールできなくなり、霊が入って何かをしても、その霊が出て行ったら、もう全部覚えていないという危険な領域に入りつつあるように見えます。

宏洋氏は、自身が置かれた危《あや》うい状態を自覚し、今すぐ、霊言に関するウソをやめるべきです。

極《きわ》めて高い社会的信用がある大川総裁の公開霊言《れいげん》

そもそも霊言《れいげん》は簡単にできるものではなく、自分自身の自我や、思い込み、刷り込みが入らないように、絶えざる精神修行を必要とします。宏洋氏のように、霊能者ではあるものの、信仰心が薄《うす》く、教学もせず、社会的教養もなく、思い込みが激しいタイプであると、その思い込みが、さも事実であるかのように、霊言に出てしまいます。宏洋氏自身は、霊を入れても、誰《だれ》を入れたのかが自分では分からないレベルです。

霊能者にもレベルの差が相当ありますが、大川総裁の行う霊言は、入った霊にしっかりと本心をしゃべらせることができ、自由に霊現象をコントロールできる最高度のレベルです。大川隆法総裁は、世界最大の霊能者であり、どんな霊でも呼び出せます。これは高度な悟《さと》りを開いている人にのみ可能なものです。霊言現象を行っている間、大川総裁の意識ははっきりしており、トランス状態になって意識を失い、霊が一方的にしゃべる「霊媒現象《れいばいげんしょう》」とは異なります。また、大川総裁は、霊を降ろす霊媒であると同時に、霊人《れいじん》が語った内容について、その真否や真意を解釈《かいしゃく》して判断を下せる審神者《さにわ》の役割も務めています。さらに霊言の全体を見ているマスター（導師）の役割をも務めていて、総裁自身がその霊に対して質問することも可能です。大川総裁には、過去千回を超える公開霊言を行い、五百書にも上る「霊言シリーズ」を刊行してきた実績があります。大川総裁の霊言シリーズは、五大紙にも広告が掲載《けいさい》されるなど高い社会的信用を有し、「霊界《れいかい》の存在証明」そのものです。

世界の大宗教の成立には「霊言《れいげん》」が大きく関わっている

前述したように、宏洋氏は「霊言《れいげん》で問われるのは、どこまで本物っぽくできるか、というセンスです。隆法本人も当然、パフォーマンスだと自覚しています」などとし、実際には、霊など降りておらず、事前に仕込んだ知識で、対象となる人物のフリをしているかのように説明していますが、全くの誤りです。

これまで大川総裁は千回以上の公開霊言を行っていますが、どれ一つ取っても同じものはありません。なかには、現代では使われていない古代の言語による霊言や史料が全く存在しない人物の霊言があったり、ジョン・レノンやエルビス・プレスリーからの楽曲のインスピレーションもあります。また、生存中の人物の守護霊を呼び出して、本心を語らせる守護霊霊言もあります。これは、いわば、本人の潜在《せんざい》意識にアクセスしたものであり、その内容は、その人が潜在意識で考えていること、すなわち本心と考えてよいものです。

ユダヤ教やキリスト教、イスラム教などの世界の大宗教の成立には、どれも、神の啓示《けいじ》、つまりは高級霊界からの「霊言」が大きく関わっています。そもそも霊言なくして、宗教はないと言っても過言ではありません。これだけ多くの霊言が、これほどまでに多彩《たさい》な霊人から降ろされたことは歴史上全く初めてのことです。

また、霊言収録は突然《とつぜん》行われることになる場合も多く、大川総裁も質問者も、ほとんど準備時間がない中で始まるケースも多いというのが実際のところです。

霊言の前には、大川総裁による事前解説が行われるのが通例で、そのためにも、その人物の業績や歴史的位置づけを確認することは必要です。また、霊言は、大川総裁の言語中枢《ちゅうすう》を通じて行うものであるため、霊人が話しやすいように、その霊人がどのような人生を送ってきたのかについて、大川総裁が事前に情報として記憶の中に入れておくことは当たり前のことです。

信者の実数は一万三千人というウソ

宏洋氏は、元理事長でありましたが、二カ月ほどしか務まらず、実務的な数字については把握《はあく》していませんでした。二〇一七年には東京ドームの大講演会を、参加者五万人、全世界三千五百カ所同時中継《ちゅうけい》で行っているにもかかわらず、明確な根拠《こんきょ》なく、「信者の実数は一万三千人しかいない」などとしています。教団収入や財政事情についても当教団の実態と全く異なる発言をしています。

幸福の科学は、昨年の新規入局職員数も過去最高であり、信者数も年々増え続けています。昨年公開の大川隆法製作総指揮の映画「世界から希望が消えたなら。」も実写映画としては過去最高の動員数となっています。書籍も毎年百冊以上発刊するなど、着実に発展し続けています。

また、公益財団法人庭野平和財団が「世論調査：日本人の宗教団体への関与《かんよ》・

認知・評価の20年」として、昨年十月十一日、日本人の宗教観調査の実施結果を公表した中で、新宗教の中では、幸福の科学のみがここ二十年で知名度を上げている、とする結果も出ており、発展し続ける当教団の状況《じょうきょう》が第三者機関の調査でも明らかになっています。

総裁の身の回りについての、ありもしないウソ

宏洋氏は同書で、総裁が行事の際に身に着ける袈裟《けさ》などについて、一回しか使わないものにお布施《ふせ》を無駄《むだ》に浪費《ろうひ》しているなどと批判していますが、これは事実に反します。総裁が身に着ける袈裟などは何回も使用していますし、使われている装飾《そうしょく》は主にビーズ等で、決して高価なものではありません。また宏洋氏は「時計は特注だ」としていますが、これも事実ではなく、一回しか使わないということもありません。また、スーツについても、特注ではなくオーダーメード

で、三十着程度のスーツを組み合わせることで、年間二百回から三百回程度の説《せっ》法《ぽう》に対して、同じ衣装《いしょう》を何度も着ているように見えないよう工夫《くふう》されています。

こうした、教団内の基本的な常識すら知らないということは、教団職員当時の宏洋氏が、いかに大川総裁との関わりが薄かったかを示すものです。

また、総裁は公私混同しないよう子供たちにも教え諭《さと》していましたが、それを聞いていなかったのは宏洋氏です。宏洋氏は、「あいつは使えない」などの愚痴《ぐち》や雑言《ぞうごん》を大川総裁がしばしば口にしているかのように記述していますが、そのようなことは全くありません。

大川紫央《しお》総裁補佐《ほさ》についてのウソ

宏洋氏は大川紫央《しお》総裁補佐《ほさ》について、宏洋氏に対して「悪魔の血が流れている」などと語ったとしていますが、全くの事実無根です。紫央総裁補佐は、二十四時間三百六十五日、総裁をサポートし、お護《まも》りすべく命を捧《ささ》げています。総裁の聖なる救世運動を誹謗中傷で妨害《ぼうがい》している宏洋氏が、ウソ発言で紫央総裁補佐を侮辱《ぶじょく》することは許されません。

妹・咲也加《さやか》さんについての虚偽《きょぎ》のエピソード

宏洋氏は、今回の自著で、「咲也加《さやか》（さん）が大学2年生ぐらいのとき」に、自身の交際相手を宗務《しゅうむ》本部に入れようとすることに反対した弟の裕太《ゆうた》さんに対して、「竜神《りゅうじん》のごとく怒《いか》り狂《くる》って」「罵倒《ばとう》し」「三日三晩くらい怒鳴《どな》り散らし」たとしています。

しかしながら、咲也加さんが交際相手を宗務部門に入れるよう強要したことはありません。事実に反しており、悪質な印象操作です。当然のことながら、咲也加さんが鬼《おに》のように怒り狂って裕太さんを激しく罵《ののし》ったことも、これをめぐって大喧嘩《おおげんか》になったこともありません。咲也加さんは幼い頃から調和的な性格で、きょうだい間の取りまとめを行う反面、真っ直ぐで情熱的な教育者的面を持っており、きょうだいの中ではいちばんの努力家でした。こうしたリーダー的資質と自助努力の精神ゆえに咲也加さんが後継者となったことを妬《ねた》んで、宏洋氏は「政治家」などと誹謗しているのでしょう。

この年の夏に当時の交際相手を認めてもらおうと、家族を巻き込《こ》んだ大騒動《おおそうどう》を起こしたのは宏洋氏のほうであり、ここでも記憶のすり替えが起きています。宏洋氏は当時の彼女を宗教で認めてもらおうと、「彼女の過去世《かこぜ》は聖母マリアで自分はイエス的存在。よって自分たちの結婚《けっこん》を認めてほしい」という方向での主張をしていたのです。しかし、総裁先生には「残念ながら彼女が聖母マリアだとは認定できない」と言われ、咲也加さんにも「結婚するなら相手の女性に会員になってもらうのが先ではないか」とたしなめられたところ、宏洋氏自身が怒《おこ》って周囲に暴言を吐《は》き、気分を害したとして軽井沢《かるいざわ》での滞在日程を切り上げて、一人で東京に帰ったという事実です。宏洋氏はこの時の自身が暴言を吐いた話を咲也加さんの話へとすり替え、咲也加さんに自身の元彼女の悪口を言いまくられたという虚偽《きょぎ》のエピソードへと変えています。

弟たちが粛清《しゅくせい》されたというウソ

また宏洋氏は、弟の真輝《まさき》さんと裕太さんが「粛清《しゅくせい》されて干された」のは、「裕太（さん）を早めに潰《つぶ》すために動いた」、「反逆の芽は完全に摘《つ》んで、自分の権威《けんい》を確立したい」などと、妹の咲也加さんが、反逆の芽を摘むために彼らを粛清したかのように述べています。

しかし、咲也加さんが、真輝さんや裕太さんを〝粛清〟したという事実はなく、幸福の科学人事局によって組織の判断として人事異動が行われたのみです。宏洋氏は、直接確認を行っていない事実について、ネット情報に基づく虚偽の憶測を述べているだけです。

宏洋氏は咲也加さんについて、性格がきつく、「内部の人間に対して厳しく粛清する」などと述べていますが、全く事実ではありません。それは、むしろ宏洋氏がプロダクションの社長時代に部下に対して行っていたことです。

さらに宏洋氏は、咲也加さんが高校のダンス部の部長だったときに、露出《ろしゅつ》度の高い衣装に反対し、「最後まで意見を変えず」、「そのまま部活を辞《や》めてしまった」としていますます。しかし、咲也加副理事長がダンス部に加入していたのは、中学三年生の途中《とちゅう》までであり、ダンス部の部長は高校二年生が代々務めていました。そして、グループ割りや衣装などを決めていたのも、すべて高校二年生でした。

ところが、露出度の高い衣装のグループに入ることになってしまったことを、当時の母親が怒り、中学三年生の時にダンス部を辞めさせたというのが真実です。

咲也加副理事長がダンス部の部長となったことも、衣装の変更《へんこう》を指示したことも なく、宏洋氏の発言は完全な虚偽です。

加えて、宏洋氏は「両親から『お兄ちゃんが後継《あとつ》ぎだよ』と言われ、きょうだいたちも私（宏洋氏）を支えるように言われていました」としていますが、これも事実ではありません。弟や妹たちは、「兄の素行が良くないので、ほかの子たち、しっかりしなさいよ」と言われていたのが真実です。宏洋氏は咲也加さんについて、「性格はきつい」、「内部に対しては厳しい粛清をする」などと述べていますが、全く事実ではありません。

弟・真輝《まさき》さんについてのウソ

宏洋氏は、弟の真輝《まさき》さんについて、（中高と）「勉強はせず部活もやらず、中二から引きこもりみたいになって、家でネットゲームばかりやっていました」としていますが、事実ではありません。中学校時代は軟式《なんしき》テニス部に所属していました。個人（ダブルス）では、中学最後の荒川区大会で準優勝、団体戦では東京都大会にも出場するなどの実績も残しています。妹の咲也加さんも、真輝さんについて、インドア派というよりはスポーツに励んでいたというイメージであると語っています。

ネットゲームについても、年二、三回しか家に帰ってこない宏洋氏に対して、真輝さんが、グレていた兄が好きそうな話として、（進学校に通っている自分であっても）ゲームをやっているという話題を振《ふ》ってあげたにすぎません。宏洋氏は弟の真輝さんの配慮《はいりょ》も分からずに自分が覚えていることに虚偽を混ぜて過大に誇張《こちょう》して語っているのです。

妹・愛理沙《ありさ》さんについてのウソ

宏洋氏は大川総裁が妹の愛理沙《ありさ》さんとある男性職員を結婚させようとしたとしていますが、そのような事実はありません。また、愛理沙さんの過去世が「九尾《きゅうび》の狐《きつね》」に変更されたとしていますが、事実ではありませんし、「結婚した」ともしていますが、これも事実ではなく現在独身です。今後、大学院に進学し、さらなる研鑽《けんさん》を積んでいきます。

消えてしまった「結婚《けっこん》強制」

これまで宏洋氏が捏造《ねつぞう》した最も悪質なウソとして、「大川総裁から千眼美子《せんげんよしこ》氏との結婚《けっこん》を強制された」とする、いわゆる「結婚強制」がありました。これは、昨年二月に発刊された「週刊文春」（二〇一九年二月二十八日号）記事でも大きく取り上げられ、具体的には、二〇一七年十一月十八日に宏洋氏が千眼美子氏と同席の上、大川総裁と面談した際、結婚話を断ることで大川隆法総裁を怒らせたというものでした。これが宏洋氏にとって、幸福の科学と訣別する決定打になったというのが「週刊文春」記事の主要部分でした。

ところが、驚《おどろ》くべきことに、今回出版された宏洋氏の自著では、この日にあったとされる「結婚強制」話が完全に消えてなくなっているのです。

自著の記述によると、この日、宏洋氏は大川総裁と二人きりで五、六時間ほど話したものの、その内容は結婚の強制ではなく、教義や霊言、政党についてだと変更されています。同書は、核心《かくしん》的な部分で「週刊文春」記事から変更されています。「週刊文春」出版部は、真実を報道するというジャーナリズムの道を外しているとと言わざるをえませんし、「結婚強制」がなかったことを事実上認めていることにほかならないでしょう。

六歳児《さいじ》が父親の心が折れてしまったと見透《みす》かすなどの不自然な記述

宏洋氏のウソや妄想《もうそう》に加えて、極《きわ》めて不自然な記述が散見されるのが同書の特徴です。

一例を挙げると、九五年に起きた地下鉄サリン事件のあと、新宗教へのバッシングが苛烈《かれつ》になり、大川総裁は「心が折れてしまった」様子に見えたというくだりです。この時、大川総裁は都会の喧騒《けんそう》を離れ、宇都宮《うつのみや》に山籠《やまご》もりすることにしたとされています。しかし、当時の宏洋氏はわずか六歳《さい》です。小学校一年の子供が、父親の複雑な心中を見透《みす》かすことが果たしてできるでしょうか？

実際には、宇都宮は東北新幹線も停車する県庁所在地であり、ここに建立《こんりゅう》した総本山《そうほんざん》の整備のためにご家族全体で引っ越《こ》したというのが事実です。同書には、実情を知る者からすると首を傾《かし》げざるをえないような不自然な表現が幾《いく》つもありますが、文春が手配したライターの作文でしょう。

また同書には、大川総裁の書籍が毎年ベストセラーとなる理由として、出版取次のデータを元に、信者一人当たり約三十七冊もの同じ本を買わされているとしていますが、全く事実に反します。当会の支部では、多忙《たぼう》で書店に行けない方のために、まとめて一括購入《いっかつこうにゅう》を行うケースがあります。支部単位で一度に数百冊を購入し、郵送にて支部に送っていただき、その後、お一人ずつに手渡《てわた》すような場合です。ところが、同書では、二〇一八年の年間ベストセラー十位にランクインした『信仰の法』（幸福の科学出版刊）について、調査期間中の売上冊数一万二千九十六冊に対して、購入者数が三百二十五人だったことを捉えて、一人平均三十七・二冊を購入しているとしています。

これは現場で行われている前記のようなサービスを知らない机上《きじょう》の空論《くうろん》でしかありません。仮にこの数字が事実であっても、宏洋氏がこのような調査結果を独力で入手できる立場にないことは明らかで、ここにも文藝春秋社の悪質な印象操作の姿勢が垣間《かいま》見えます。

総裁から「バカ波動《はどう》を出すな！」と言われたというウソ

宏洋氏は自著の中で、幼少期を振り返って、大川総裁から「バカ波動《はどう》を出すな」と叱《しか》られたとしていますが、そのような事実はありません。「本を読んでいる時は、静かにしてね」と言われただけのことです。

宏洋氏だけが家族と切り離され、食事も一緒に取れなかったなどと、恨《うら》みがましく言っていますが、そのような事実も全くありません。宏洋氏が希望すれば、いつでも大川総裁と交わり、家族の団欒《だんらん》を楽しむことも可能でした。宏洋氏は、中高生時代から友人宅を泊《と》まり歩くなど不在がちで、大川総裁は何度も声をかけたにもかかわらず、むしろ本人が寄りつかなかったというのが事実です。

また、男子進学高校に進学後、別の男女共学校に入学し直した際、父親から「お前の考えていることはもう理解できない」と言われ、自宅から追い出されてしまったとしていますが、そう言って追い出したのは当時の母親です。大川総裁は、「大人にならないと、どうなるかは分からない」と言って宏洋氏をかばい、その成長を信じて見守ることを選んでいます。

また、軽井沢の別荘《べっそう》内に秘書たちが買ってきたカブトムシやクワガタを野生に見せかけて早朝、持ち込んだとしていますが、これは小さな子供たちを喜ばせようと秘書が育てていたものであり、こうしたことへの感謝もないのは、残念でなりません。

秘書からの「体罰《たいばつ》」というウソ

宏洋氏は幼少期を振り返って、秘書の人たちが「体罰《たいばつ》」として宏洋氏を「殴《なぐ》る」、「秘書が子どもたちをこっそり殴っている」などしていたと述べています。

しかし実際は、仲の良い女性職員から冗談《じょうだん》で「今度、悪さをしたら、お尻《しり》ペンペンよ」などと言われて軽いお仕置き程度の行為があったにすぎず、「殴る」などの「体罰」があったという事実はありません。

また、養育係についても、大川総裁から「『この子の教育はなっていない』と判断されると、（養育係の）クビが飛ぶ」などとしていますが、実際には、小学生当時の宏洋氏の母親への大げさな告げ口が原因で異動させられていました。宏洋氏は親身になって助言や注意をした人物に対して、「あいつに怒られたせいで、問題が解けなくなった」、「あいつは本当にダメだ」などと誇張して話すため、次々と養育係が代わっていったのです。

宏洋氏は親身になって世話をしたスタッフの労苦が全く分かっていません。

総裁が愚痴《ぐち》や人の悪口を言うというウソ

また、宏洋氏は大川家に家族の団欒や会話がなかったとして、「食事の間は、ずっと隆法がしゃべっています。『最近、仕事がうまくいかないな』とか『職員の誰々はダメだ。B型だし』とか、ほとんど人の悪口ばかり。とにかく、独《ひと》りでしゃべり続けているのです。子どもたちは、相槌《あいづち》を打つだけです」としています。

しかし、総裁が愚痴《ぐち》や人の悪口を言うことなどありません。実際は、時事問題についてのニュース番組を観《み》ながら大川総裁が行う解説が幼い宏洋氏には理解ができず、独り言をつぶやいているように誇張しただけの話です。

都会の子供たちと変わらない生活パターン

宏洋氏は「生まれつき特別な使命を帯びている人間」なのだから、「友達と親しくなってはいけません」などと教えられ、「学校の外で友達と会うことは禁止された」としていますが、これも事実に反します。

宏洋氏は、塾通《じゅくがよ》いをする都会の平均的な子供たちと変わらない生活を送っており、交友関係も自由でした。小学四年生の時には、マンガを友達と回し読みしたり、小学六年生の時には、保護者不在のマンションに勝手に友達を集めて、悪ふざけをすることもありました。中学生当時は、帰宅は夜遅《よるおそ》いことが多く、友人宅を順番に泊まり歩くことも行っており、年齢《ねんれい》が上がるに従い、広範囲《こうはんい》に遊びまわっていたというのが事実です。

「怒鳴《どな》り合いのケンカ」というウソ

また宏洋氏は中学受験失敗後、「毎日朝から晩まで、顔を合わせるたびに怒鳴《どな》り合いのケンカです」としていますが、これも事実ではありません。実母のきょう子《こ》氏は、宏洋氏が第一志望に落ちたことが許せず、「宏洋氏を廃嫡《はいちゃく》する」と言い出しました。そのため大川総裁が、「社会人になってからできるようになる人もいるので、そんなに簡単に決めるべきものではない」と、とりなしたというのが事実です。

他のきょうだいたちは父親としての大川総裁について、「怒っている姿は記憶にない」、「子供たちへ威張るということもなかった」と振り返っている通り、大川総裁が怒鳴るということはありませんでした。

社会的信用を失い続ける宏洋氏

また、宏洋氏は、二〇二〇年一月七日、同月二十六日、同月三十一日の三回にわたって、ツイッター掲載の動画のなかで、信者が信仰のよりどころとして毎日大切に読誦《どくじゅ》している幸福の科学の根本経典《こんぽんきょうてん》『仏説《ぶっせつ》・正心法語《しょうしんほうご》』と、自治体が発行する「障害者手帳」を、店の客とともに〝めんこ〟と称《しょう》して床に繰《く》り返し叩《たた》きつけあうという「ヘイト行為」を行いました。さすがにそれはないだろうと、動画が炎上《えんじょう》し、多数の視聴者《しちょうしゃ》から非難コメントが殺到《さっとう》したにもかかわらず、宏洋氏は「知らねえよ」と言い放っています。

これは、幸福の科学の多数の信者の心を傷つけ、信教の自由で保障される信仰を傷つける行為であるとともに、障害を持つ多数の方々の心を傷つける行為です。多数の視聴者の顰蹙《ひんしゅく》を買い、YouTube《ユーチューブ》の登録者数や視聴回数も激減し、結果として、宏洋氏は四十本以上もの動画を削除《さくじょ》しています。

加えて、宏洋氏は一億円近い貯金を所持していたにもかかわらず、金がないと称してクラウドファンディングで一般の人々から映画資金を募《つの》るという詐欺師《さぎし》的行為を行っています。その映画もいまだに完成に漕《こ》ぎつけることが出来ず、作成した予告編動画の評価も散々でした。

さらには、最近の動画では、ＣＢＤという大麻《たいま》草成分を自ら体験し、自分の開設したバーでＣＢＤ入りのドリンクをプラス千円で出しますなどと宣伝していいます。こうした危険な行為を繰り返しており、社会的常識を欠き、全く信用できない人間であることを自らさらけ出しています。

宏洋氏に与《あた》えられる遺産など存在しない

大川総裁は、自身の私財も最終的にはすべて教団に寄付する予定であることを公言しています。現在も、印税はすべて寄付されており、年間数百回の説法を行い、折々に大講演会を開催《かいさい》して、全人類の救済、世界の平和と繁栄《はんえい》のため、文字通り「不惜身命《ふしゃくしんみょう》」で教団を率いています。宏洋氏は、「幸福の科学という宗教教団と一切《いっさい》の縁《えん》を切り、何の関係もない一個人として自分の力で仕事を全《まっと》うしていく」と言いつつ、執拗《しつよう》に教団批判を行い続けています。長男としての分け前が欲《ほ》しいので教団を揺《ゆ》さぶっているつもりなのでしょう。しかし、同氏に与《あた》えられるべき財産など存在しないことを知るべきです。

文藝春秋社《ぶんげいしゅんじゅう》に社会的公器性はあるのか

文藝春秋社《ぶんげいしゅんじゅう》「週刊文春」出版部は、同書の発刊に先立って、二月十二日（水）に当教団広報局宛《あ》てにファックスにて、大川宏洋氏の著作として書籍『幸福の科学との訣別』を予定していることを知らせ、宏洋氏の生育環境《かんきょう》や教団との訣別の経緯《けいい》について取材したいと申し込んできました。その後、同社は具体的な質問項《こう》目《もく》を送ってきましたが、いずれの質問項目も二〇一九年二月に出版された週刊文春記事の域を出るものではなく、同社が同記事をベースに宏洋氏の虚言を焼き直して書籍化することは明らかでした。

そこで当会は広報局職員二名に加えて法務室に所属する弁護士一名の計三名で

同社を訪問し、一般書店で刊行した書籍『直撃《ちょくげき》インタビュー 大川隆法総裁、宏洋問題に答える』（幸福の科学出版刊）及《およ》び書籍『娘《むすめ》から見た大川隆法』（大川咲也加著、幸福の科学出版刊）において、大川総裁自身がインタビューに直接答えるなどして、宏洋氏が語る虚偽内容に対し、正確な事実関係やその考えを明らかにしていることを知らせ、当会ホームページで公開されている公式見解など資料一式を手渡し、事実関係の間違いがないよう、注意を促《うなが》しました。さらに、質問があれば、受け付ける旨《むね》を伝えました。

にもかかわらず、同社が今回、全くの虚偽に満ちた同書の発刊に踏《ふ》み切ったことは、同社の社会的公器性を疑わせるものであり、信教の自由を著《いちじる》しく侵害《しんがい》しています。ここに改めて大川宏洋氏並びに文藝春秋社に対して強く抗議するものです。

自己愛の塊《かたまり》として生きる宏洋氏と文藝春秋社に猛省《もうせい》を促《うなが》す

同書の刊行に先立って、大川総裁は、「人はなぜ堕《お》ちてゆくのか。」と題した対談を行い、宏洋氏の転落の根本原因について、「自己愛」の強さを挙げています。教祖の家に生まれ、尊い教えを学ぶチャンスに恵《めぐ》まれながら、それを摑《つか》めなかったのはひとえに本人の自己責任です。大川総裁の優《やさ》しさに甘《あま》え、世間《せけん》を舐《な》めてきた性格が災《わざわ》いしているのです。教団職員時代の宏洋氏は、人に仕えるのが嫌《きら》いなタイプで、経験も見識もないまま多額の散財を繰り返し、教団に多大な被害を与えました。現在も、映画製作に数千万もの資金を投じています。

自分を愛しているつもりで、その自己愛が自分を転落させている――。そのような人物を持ち上げる文藝春秋社にも大きな罪があります。

かつて、「週刊文春」編集部は二〇一二年七月十九日号において、当教団に関するありもしない虚偽事実を掲載したため、当教団より損害賠償《ばいしょう》などを求める訴《そ》訟《しょう》を起こされ、二〇一五年一月、最高裁が文藝春秋社の上告を受理しないことを決定しています。これにより、同社に四百万円の損害賠償と「週刊文春」誌上に全面一ページの謝罪広告を載《の》せることを命じた東京高裁の判決が確定しました。

今回の書籍化は、当時のずさんな取材と全く同じ性質のものです。同社の無反省かつ傲慢《ごうまん》な態度によって、虚言を鵜《う》呑《の》みにした一方的な取材と「信教の自由」の侵害が繰り返されているのです。

また、今回の書籍化が五年前の謝罪広告掲載への意趣返しであるとすれば、文藝春秋社は過去の過ちに学ぶことなく、かつての誤報を取り繕《つくろ》うために宏洋氏の悪業を再利用することで部数増を目指す営利路線をひた走っていると言わざるをえません。このような行為はジャーナリズムとして、人の道を外した生き方です。

当教団は宏洋氏と同社に対して、改めて、宗教的真理の立場から猛省《もうせい》を促《うなが》すものです。

以上、宏洋氏が語っている、ウソや妄想について主な箇所《かしょ》を挙げましたが、同書の過ちはこれだけではありません。百カ所近い誤り、誹謗中傷が存在します。これらについては、近日中に発刊される書籍にて真実を明らかにして参ります。

二〇二〇年　三月十二日

幸福《こうふく》の科学《かがく》グループ広報局《こうほうきょく》

宏洋問題《ひろしもんだい》を斬《き》る

――「内情」を知り尽くした２人の証言――

2020年３月13日　初版第１刷

編　者　　幸福の科学総合本部

発行所　　幸福の科学出版株式会社

〒107-0052 東京都港区赤坂２丁目10番８号

TEL(03)5573-7700

https://www.irhpress.co.jp/

印刷・製本　株式会社 研文社

落丁・乱丁本はおとりかえいたします

ISBN978-4-8233-0157-5 C0030

不信仰の誤りを糺す

宏洋問題の深層

「真実」と「虚偽」をあきらかにする31人の証言

幸福の科学総合本部 編

宏洋氏は、なぜ信仰を冒瀆し、虚偽による誹謗中傷を繰り返すのか。逆恨み、女性問題、セクハラ・パワハラなど、関係者が語る衝撃の「素顔」と「言動」。

1,400円

不信仰の家族にはどう対処すべきか

現代のダイバダッタ問題

大川隆法 著

いつの時代にも起きる信仰と身内の問題は、どう見るべきなのか。〝嘘〟の誹謗中傷、教団批判による炎上商法、その真相を明かした守護霊インタビュー。

1,400円

実戦・悪魔の論理との戦い方

エクソシズム訓練

大川隆法 著

信仰を護り抜くために、悪魔にどう立ち向かえばよいのか。嫉妬、不信感、嘘、欲望――、悪魔との直接対決から見えてきた、その手口と対処法とは。

1,400円

直撃インタビュー 大川隆法総裁、宏洋問題に答える

幸福の科学総合本部 編

「月刊 WiLL」「週刊文春」「YouTube」――。宏洋氏の虚偽の発信に対して、大川総裁ほか関係者が真相を語った、衝撃の質疑応答174分。

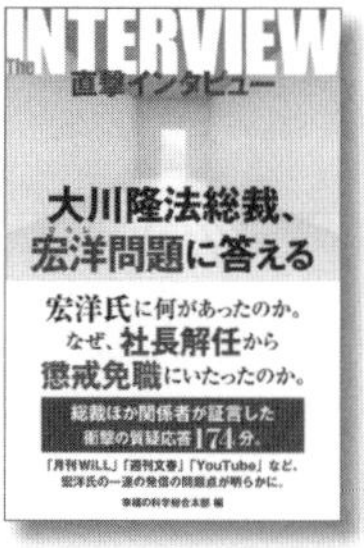

1,500円

※表示価格は本体価格(税別)です。

宗教者のあるべき姿

1,400円

娘が語る 大川隆法の自助努力の姿

- ◆読書をしている父の姿
- ◆一日の生活スタイル
- ◆教育方針
- ◆大川家の家訓
- ◆世界のために命を懸ける「不惜身命」の姿
- ◆大病からの復活
- ◆「霊言」の真実

娘から見た大川隆法
大川咲也加 著

幼いころの思い出、家族思いの父としての顔など、実の娘が28年間のエピソードと共に綴る、大川総裁の素顔。

自助努力の精神を受け継ぐ幸福の科学の後継者

幸福の科学の後継者像について

大川隆法・大川咲也加 共著

霊能力と仕事能力、人材の見極め方、公私の考え方、家族と信仰——。全世界に広がる教団の後継者に求められる「人格」と「能力」について語り合う。

1,500円

大川隆法ベストセラーズ・責任ある大人となるために

パパの男学入門

責任感が男をつくる

「成功する男」と「失敗する男」の差とは何か？ 著名人たちの失敗例などを教訓にして、厳しい実社会を生き抜くための「男の発展段階」を示す。

1,500円

大人になるということ

心の成長とリーダーの器

年齢だけではなく精神的にも「大人になる」ための条件とは。金銭感覚、異性関係、責任感、言葉など、「心の幼さ」を取り去り、徳ある人へ成長する秘訣がここに。

1,500円

人に嫌われる法則

自分ではわからない心のクセ

自分勝手、自慢話、他人や環境のせい……、人に嫌われる「原因」と「対処法」を解説。心のクセを客観視して、愛される自分に変わるためのヒントが満載。

1,500円

信仰者の責任について

幸福の科学総合本部 編

数々の虚言と誹謗中傷で純粋な信仰を踏みにじる「偽りの信仰者」。その言動を側で見てきた者たちの証言と質問から、その過ちと矛盾を明らかにする。

1,400円

※表示価格は本体価格（税別）です。

真のエクソシスト

身体が重い、抑うつ、悪夢、金縛り、幻聴──。それは悪霊による「憑依」かもしれない。フィクションを超えた最先端のエクソシスト論、ついに公開。

1,600円

悪魔からの防衛術

「リアル・エクソシズム」入門

現代の「心理学」や「法律学」の奥にある、霊的な「正義」と「悪」の諸相が明らかに。〝目に見えない脅威〟から、あなたの人生を護る降魔入門。

1,600円

真実の霊能者

マスターの条件を考える

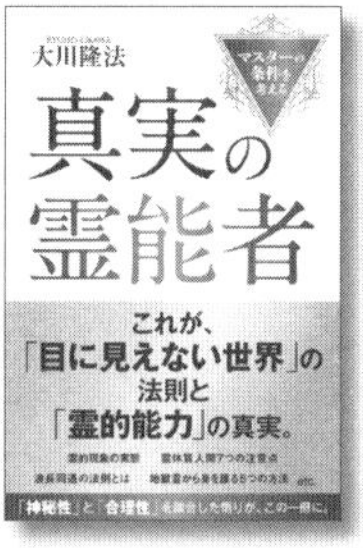

霊能力や宗教現象の「真贋《しんがん》」を見分ける基準はある──。唯物論や不可知論ではなく、「目に見えない世界の法則」を知ることで、真実の人生が始まる。

1,600円

ザ・ポゼッション

憑依の真相

英語説法
英日対訳

悪霊が与える影響や、憑依からの脱出法、自分が幽霊になって迷わないために知っておくべきことなど、人生をもっと光に近づけるためのヒントがここに。

1,500円

大川隆法シリーズ・**最新刊**

サミュエル・スマイルズ「現代的自助論」のヒント

補助金のバラマキや働き方改革、中国依存の経済は、国家の衰退を招く──。今こそ「自助努力の精神」が必要なときである。世界の没落を防ぐ力がここに。

1,400円

守護霊霊言　習近平の弁明

中国発・新型コロナウィルス蔓延に苦悩する指導者の本心

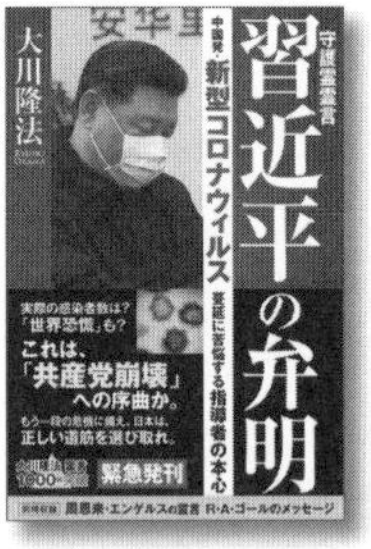

新型肺炎の全世界への感染拡大は「中国共産党崩壊」の序曲か──。中国政府の隠蔽体質の闇、人命軽視の悪を明らかにし、日本が取るべき正しい道筋を示す。

1,400円

釈尊の霊言

「情欲」と悟りへの修行

情欲のコントロール法、お互いを高め合える恋愛・結婚、〝魔性の異性〟から身を護る方法など、異性問題で転落しないための「人生の智慧」を釈尊に訊く。

1,400円

中国発・新型コロナウィルス感染 霊査

中国から世界に感染が拡大する新型ウィルスの真相に迫る！ その発生源や〝対抗ワクチン〟とは何かなど、宇宙からの警告とその背景にある天意を読み解く。

1,400円

※表示価格は本体価格（税別）です。

モナコ国際映画祭2020
最優秀作品賞
（エンジェル・トロフィー賞）
モナコ国際映画祭2020
最優秀主演女優賞
モナコ国際映画祭2020
最優秀助演女優賞
モナコ国際映画祭2020
最優秀VFX賞
心の闇を、打ち破る。
心霊喫茶
「エクストラ」の秘密
—THE REAL EXORCIST—
製作総指揮・原作／大川隆法
千眼美子
伊良子未來 希島凛 日向丈 長谷川奈央 大浦龍宇一 芦川よしみ 折井あゆみ
監督／小田正鏡 脚本／大川咲也加 音楽／水澤有一 製作／幸福の科学出版 製作協力／ARI Production ニュースター・プロダクション
制作プロダクション／ジャンゴフィルム 配給／日活 配給協力／東京テアトル ©2020 IRH Press cafe-extra.jp
2020年5月15日（金）ロードショー

1991年7月15日、東京ドーム。
人類史を変える「歴史的瞬間」が誕生した。
――これは、映画を超えた真実。
夜明けを信じて。
2020年秋 ROADSHOW
製作総指揮・原作 大川隆法
田中宏明 千眼美子 長谷川奈央 芦川よしみ 石橋保
監督／赤羽博 音楽／水澤有一 脚本／大川咲也加 製作／幸福の科学出版 製作協力／ARI Production ニュースター・プロダクション
制作プロダクション／ジャンゴフィルム 配給／日活 配給協力／東京テアトル ©2020 IRH Press

幸福の科学グループのご案内

宗教、教育、政治、出版などの活動を通じて、地球的ユートピアの実現を目指しています。

幸福の科学

一九八六年に立宗。信仰の対象は、地球系霊団の最高大霊、主エル・カンターレ。世界百カ国以上の国々に信者を持ち、全人類救済という尊い使命のもと、信者は、「愛」と「悟り」と「ユートピア建設」の教えの実践、伝道に励んでいます。

（二〇二〇年三月現在）

愛

幸福の科学の「愛」とは、与える愛です。これは、仏教の慈悲《じひ》や布施《ふせ》の精神と同じことです。信者は、仏法真理をお伝えすることを通して、多くの方に幸福な人生を送っていただくための活動に励んでいます。

悟り

「悟り」とは、自らが仏の子であることを知るということです。教学《きょうがく》や精神統一によって心を磨き、智慧《ちえ》を得て悩みを解決すると共に、天使・菩薩《ぼさつ》の境地を目指し、より多くの人を救える力を身につけていきます。

ユートピア建設

私たち人間は、地上に理想世界を建設するという尊い使命を持って生まれてきています。社会の悪を押しとどめ、善を推し進めるために、信者はさまざまな活動に積極的に参加しています。

国内外の世界で貧困や災害、心の病で苦しんでいる人々に対しては、現地メンバーや支援団体と連携して、物心両面にわたり、あらゆる手段で手を差し伸べています。

年間約２万人の自殺者を減らすため、全国各地で街頭キャンペーンを展開しています。

公式サイト **www.withyou-hs.net**

ヘレン・ケラーを理想として活動する、ハンディキャップを持つ方とボランティアの会です。視聴覚障害者、肢体不自由な方々に仏法真理を学んでいただくための、さまざまなサポートをしています。

公式サイト **www.helen-hs.net**

入会のご案内

幸福の科学では、大川隆法総裁が説く仏法真理《ぶっぽうしんり》をもとに、「どうすれば幸福になれるのか、また、他の人を幸福にできるのか」を学び、実践しています。

入 会

仏法真理を学んでみたい方へ

大川隆法総裁の教えを信じ、学ぼうとする方なら、どなたでも入会できます。入会された方には、『入会版「正心法語《しょうしんほうご》」』が授与されます。

ネット入会　入会ご希望の方はネットからも入会できます。
happy-science.jp/joinus

三帰《さんき》
誓願《せいがん》

信仰をさらに深めたい方へ

仏弟子としてさらに信仰を深めたい方は、仏《ぶっ》・法《ぽう》・僧《そう》の三宝《さんぽう》への帰依を誓う「三帰誓願式」を受けることができます。三帰誓願者には、『仏説・正心法語』『祈願文《きがんもん》①』『祈願文②』『エル・カンターレへの祈り』が授与されます。

幸福の科学 サービスセンター
TEL 03-5793-1727
受付時間／
火～金：10～20時
土・日祝：10～18時
（月曜を除く）

幸福の科学 公式サイト
happy-science.jp

教育事業　幸福の科学グループ

仏法真理塾「サクセスNo.1」

全国に本校・拠点・支部校を展開する、幸福の科学による信仰教育の機関です。小学生・中学生・高校生を対象に、信仰教育・徳育にウエイトを置きつつ、将来、社会人として活躍するための学力養成にも力を注いでいます。

TEL 03-5750-0751（東京本校）

エンゼルプランV　TEL 03-5750-0757

幼少時からの心の教育を大切にして、信仰をベースにした幼児教育を行っています。

不登校児支援スクール「ネバー・マインド」　TEL 03-5750-1741

心の面からのアプローチを重視して、不登校の子供たちを支援しています。

ユー・アー・エンゼル！（あなたは天使！）運動

一般社団法人 ユー・アー・エンゼル　TEL 03-6426-7797

障害児の不安や悩みに取り組み、ご両親を励まし、勇気づける、
障害児支援のボランティア運動を展開しています。

NPO活動支援

いじめから子供を守ろうネットワーク

学校からのいじめ追放を目指し、さまざまな社会提言をしています。また、各地でのシンポジウムや学校への啓発ポスター掲示等に取り組む一般財団法人「いじめから子供を守ろうネットワーク」を支援しています。

公式サイト mamoro.org　ブログ blog.mamoro.org

相談窓口 TEL.03-5544-8989

百歳まで生きる会

「百歳まで生きる会」は、生涯現役人生を掲げ、友達づくり、生きがいづくりをめざしている幸福の科学のシニア信者の集まりです。

シニア・プラン21

生涯反省で人生を再生・新生し、希望に満ちた生涯現役人生を生きる仏法真理道場です。定期的に開催される研修には、年齢を問わず、多くの方が参加しています。

全世界212カ所（国内197カ所、海外15カ所）で開校中。

【東京校】TEL 03-6384-0778　FAX 03-6384-0779

メール senior-plan@kofuku-no-kagaku.or.jp

幸福実現党

内憂外患《ないゆうがいかん》の国難に立ち向かうべく、2009年5月に幸福実現党を立党しました。創立者である大川隆法党総裁の精神的指導のもと、宗教だけでは解決できない問題に取り組み、幸福を具体化するための力になっています。

幸福実現党 釈量子サイト **shaku-ryoko.net**
Twitter **釈量子@shakuryokoで検索**

党の機関紙
「幸福実現NEWS」

幸福実現党 党員募集中

あなたも幸福を実現する政治に参画しませんか。

○幸福実現党の理念と綱領、政策に賛同する18歳以上の方なら、どなたでも参加いただけます。
○党費:正党員(年額5千円[学生 年額2千円])、特別党員(年額10万円以上)、家族党員(年額2千円)
○党員資格は党費を入金された日から1年間です。
○正党員、特別党員の皆様には機関紙「幸福実現NEWS(党員版)」(不定期発行)が送付されます。

＊申込書は、下記、幸福実現党公式サイトでダウンロードできます。
住所:〒107-0052　東京都港区赤坂2-10-8 6階 幸福実現党本部
TEL **03-6441-0754**　FAX **03-6441-0764**
公式サイト **hr-party.jp**

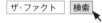

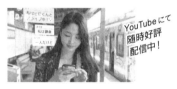

大川隆法　講演会のご案内

大川隆法総裁の講演会が全国各地で開催されています。講演のなかでは、毎回、「世界教師」としての立場から、幸福な人生を生きるための心の教えをはじめ、世界各地で起きている宗教対立、紛争、国際政治や経済といった時事問題に対する指針など、日本と世界がさらなる繁栄の未来を実現するための道筋が示されています。

2019年12月17日 さいたまスーパーアリーナ「新しき繁栄の時代へ」

2019年10月6日 ザ ウェスティン ハーバー キャッスル トロント(カナダ)「The Reason We Are Here」

2019年7月5日 福岡国際センター「人生に自信を持て」

2019年3月3日 グランド ハイアット 台北(台湾)「愛は憎しみを超えて」

2019年7月13日 ホテル イースト21 東京「幸福への論点」

講演会には、どなたでもご参加いただけます。
最新の講演会の開催情報はこちらへ。⟹ 大川隆法総裁公式サイト https://ryuho-okawa.org